强 军

本书编写组

人民出版社
解放军出版社

责任编辑：郑　仲
封面设计：周方亚
版式设计：王欢欢
责任校对：刘　青

图书在版编目（CIP）数据

强军 / 本书编写组 编 . —北京：人民出版社，解放军出版社，2017.10
ISBN 978－7－01－018499－9
I.①强… II.①强… III.①军队建设－成就－中国 IV.① E2
中国版本图书馆 CIP 数据核字（2017）第 263263 号

强　军
QIANGJUN

本书编写组　编

人民出版社
解放军出版社　出版发行

（100706　北京市东城区隆福寺街 99 号）

北京中科印刷有限公司印刷　新华书店经销

2017 年 10 月第 1 版　2017 年 10 月北京第 1 次印刷
开本：710 毫米 ×1000 毫米 1/16　印张：8
字数：83 千字

ISBN 978－7－01－018499－9　定价：21.00 元

邮购地址 100706　北京市东城区隆福寺街 99 号
人民东方图书销售中心　电话（010）65250042　65289539

版权所有·侵权必究
凡购买本社图书，如有印制质量问题，我社负责调换。
服务电话：（010）65250042

目　录

第一集　逐　梦 ……………………… 001

第二集　铸　魂 ……………………… 017

第三集　制　胜 ……………………… 031

第四集　重　塑 ……………………… 049

第五集　浴　火 ……………………… 067

第六集　跨　越 ……………………… 083

第七集　铁　律 ……………………… 097

第八集　伟　力 ……………………… 109

本书视频索引 ……………………… 125

第一集

逐 梦

第一集《逐梦》完整视频

浩瀚的南海碧波相连，不息的涛声久久回荡，仿佛是在呼唤，又仿佛是在等待一个重要时刻的来临。

2012年12月8日上午，习近平登上停泊在深圳蛇口港的"海口"号导弹驱逐舰，开始他就任党的总书记、中央军委主席之后的第一次南海之行。

大海天水一色，战舰破浪前行。习近平注目远望，深邃的目光穿越历史的云烟。170多年前，西方列强就是从海上打开了中国的大门，古老的中国从此跌入苦难的梦魇。

两天之后，习近平出现在了原第42集团军炮火轰鸣的演兵场上。

在接见驻穗部队师以上干部时，习近平说：

前不久，我参观了《复兴之路》展览，提出实现中华民族伟大复兴是中华民族近代以来最伟大的梦想。我想说，这个伟大的梦想，就是强国梦，对于军队来讲，也是强军梦。

从提出中国梦到提出强军梦，仅仅过了10天。

只有创造过辉煌的国家，才懂得伟大复兴的真正含义；只有曾经饱受蹂躏的民族，才对强国强军有如此深切的渴望。

中国国家博物馆。习近平向世界宣布中国梦的地方。

就在这次南海之行前，习近平参观《复兴之路》展览，在一张第二次鸦片战争时的国力对比图面前，驻足沉思。

1860年，英法联军进攻中国，当时的英军一万八千余人，法军七千余人。然而，就是这区区二万五千人，竟然在泱泱大国长驱直入，大清天子仓皇出逃，号称"万园之园"的圆明园被付之一炬。

从鸦片战争开始，帝国主义列强强迫旧中国签订的不平等条约达750多个。一次次椎心泣血之痛，留给后人的是深刻的警醒。

2012年11月15日，习近平第一次主持中央军委常务会议，用这样一段话与军委新班子共勉：党和人民把我们放在这样重要的岗位，是对我们的高度信任，我们一定要时刻以党和人民为念，以国家主权、安全、领土完整为念，以国防和军队建设为念，夙夜在公，恪尽职守，全力做好工作，决不辜负党和人民的重托，决不辜负全军广大官兵的期望。

强国必须强军，军强才能国安。强国强军，是中华民族的百年梦想，几代志士仁人的共同夙愿。

新的历史关口，如何建设同我国国际地位相称、同国家安全和发展利益相适应的巩固国防和强大军队？这样一个时代课题，萦绕在军队统帅的心头。2013年3月11日，面对参加第十二届全国人大一次会议解放军代表团全体代表，习近平庄重宣布：

建设一支听党指挥、能打胜仗、作风优良的人民军队，是党在新形势下的强军目标。

他号召，准确把握这一强军目标，用以统领军队建设、改革和军事斗争准备，努力把国防和军队建设提高到一个新水平。

第二天，正值一年一度的植树节，接续奋进的强军事业也在这个春天焕发出新的生机。

有目标才有方向。在不同历史时期，中国共产党总是根据形势任务变化及时提出明确的目标要求，引领我军建设向前发展。毛泽东领导制定建设优良的现代化革命军队的总方针，邓小平提出建设一支强大的现代化正规化革命军队的总目标，江泽民提出政治合格、军事过硬、作风优良、纪律严明、保障有力的总要求，胡锦涛提出按照革命化、现代化、正规化相统一的原则加强军队全面建设的重要思想……建设强大的人民军队，始终是中国共产党人不懈的追求。

一个时代有一个时代的主题。当强国强军的接力棒传递到以习近平为代表的中国共产党人手中，这个历史命题，有了更加广阔的时代内涵。

梦想就是希望。中国梦点燃了十三亿人民的理想之火，强军目标极大地提振了军心，凝聚了士气。

椰风轻拂三亚军港。2013年4月9日，在出席博鳌亚洲论坛年会活动后，习近平专程来到海军官兵中间，勉励官兵牢记强军目标，坚定强军信念，献身强军实践，把个人理想抱负融入强军梦。

也就是从那个春天开始，一首《强军战歌》回响在大江南北，座座军营。强军兴军成为鼓舞全军官兵砥砺奋进的时代强音。

听吧，新征程号角吹响，强军目标召唤在前方；国要强，我们就要担当，战旗上写满铁血荣光……

威斯特伐利亚和约签署仪式的油画所描绘的，是1648年欧洲各国在威斯特伐利亚签署和约时的情形。习近平在纵论国际大势时多次提到的这一事件，标志着近代欧洲的诞生，奠定了以欧洲为中心的世界力量格局。

将近400年过去了，一场前所未有的大变局正在世界范围内发生，发展中国家整体崛起，新兴市场国家实力不断壮大，全球经济和战略重心开始从欧洲向亚太转移。而中国的发展壮大，日益成为推动国际格局和国际体系深刻调整的最重要的动因。

历史与现实、国际与国内、战争与和平……进入21世纪第二个十年，世界形势风云激荡。习近平的话语振聋发聩："今天，和平与发展已经成为时代主题，但世界仍很不太平，战争的达摩克利斯之剑依然悬在人类头上。"

大国地缘竞争、军事安全较量、民族宗教矛盾、恐怖主义蔓延、网络安全威胁相互交织，意识形态斗争更加凸显，世界的急剧变化，增大了国家安全的不稳定性和不确定性。

习近平在十二届人大一次会议解放军代表团讲话：

我们越发展壮大，遇到的阻力和压力就会越大，面临的外部风险就会越多。这是我国由大向强发展进程中无法回避的挑战，是实现中华民族伟大复兴绕不过的门槛。

既然是无法回避的挑战，就必须勇敢迎接；既然是绕不过的门槛，就必须奋力跃过。

影响历史进程的重大决策，往往浓缩着经年累月的深沉思考。浙江，习近平工作了整整5年的地方。一处处故国遗址，一处处战场遗迹，沉淀了富而不强、被动挨打的历史悲怆。

杭州，南宋的都城。两宋时期，无论文化还是科技，都达到了中国封建社会的顶峰。即使偏居一隅的南宋，经济总量也曾占到全球的75%以上。然而，国富并不天然意味着国强。重文抑武，武备废弛，导致大宋王朝最终在"繁华中沉沦"。

面对当今中国的时与势，我们比历史上任何时期都更需要建设一支强大的人民军队。习近平深刻指出，国防实力要同经济实力相匹配，经济社会发展到哪一步，国防实力就要跟进到哪一步，不然就不能为经济社会发展提供有力安全保障，我们要在经济发展基础上使我国国防实力在尽可能短的时间内有一个大的提升。

美国在《60分钟时事》节目直播"蜂群"无人机试验。

2017年1月7日，美国国防部直播了最新空射无人机"蜂群"作战演示：从3架超级大黄蜂战斗机上抛撒出104架微型无人机，如遮天蔽日的蜂群扑向目标，也把未来作战无人化、智能化的趋势与理念展现在了世界面前。

如同亚马逊雨林中一只蝴蝶的舞动,会在地球另一端掀起风暴,一大批"蜂群"这样的颠覆性技术,正在推动以信息化为核心的新一轮军事革命蓬勃兴起。

面对这场抢占军事战略制高点的无声竞逐,我军打信息化战争能力不够、各级指挥信息化战争能力不够的问题日益突出。习近平告诫全军,机遇稍纵即逝,抓住了就能乘势而上,抓不住就可能错过整整一个时代。

世界上很多东西可以复制,但胜利从来不可以复制。我军距离最后一场战事已近30年。硝烟远去,怎样率领这支能征善战的英雄军队实现强军目标、再创新的辉煌?习近平念兹在兹。

中南海怀仁堂。

2014年8月29日,中共中央政治局就世界军事发展新趋势和推进军事创新进行集体学习。这一课,国防大学教授肖天亮整整讲了两个小时。

国防大学副校长　肖天亮:

那次中央政治局集体学习时,我汇报了世界新军事革命趋势和各国军队加快发展的情况。这几年,中央政治局每年都要围绕国家安全和军事问题组织集体学习,这充分体现了党中央、习主席对国防和军队建设的高度重视,也凸显了国防和军队建设在中国特色社会主义事业全局中的重要地位和作用。

察之深，虑之远。面对不断变化的世情国情军情，习近平对加速推进强军事业成竹在胸。

实现民族复兴中国梦，需要确立与之相适应的建军治军大方略；

应对由大向强发展的安全挑战，需要与时俱进创新军事战略指导；

赢得国际军事竞争优势，需要在与世界强国军队比肩中谋划未来；

……

这一个个重大判断和战略运筹背后，是因势而变的宏阔视野，是迎难而上的坚强决心，是中流击水的自信从容。

2015年夏季，受厄尔尼诺现象影响，全球气温较往年同期偏高。就在这个夏季，中国首次向世界专题公布军事战略白皮书。

敏感的国外媒体注意到，中国新的军事战略方针出现了一个值得关注的表述：把军事斗争准备基点放在打赢信息化局部战争上，突出海上军事斗争和军事斗争准备。

海洋，生命的肇始、文明的摇篮。大国兴衰的历史规律表明：背海则衰，向海而兴。

这些喉管般狭长而又繁忙的海峡，既是连通中国与世界的纽带，也是扼控中国走向世界的咽喉。当"一带一路"的宏伟蓝图向大洋深处铺展，通向广阔世界的一条条航道，正在成为中国发展的"生命线"。

强军

习近平视察辽宁舰。

大连港，雨后初晴，中国首艘航母满旗高挂。

2013年8月28日，习近平登上辽宁舰视察，攀舷梯、下机库，深入舱室战位，察看装备设施，询问技战术性能，高兴地接受了官兵赠送的舰徽、舰帽。他叮嘱舰长和政委，要牢记职责，不辱使命，早日形成战斗力和保障力，为建设强大的人民海军作贡献。

这是党的十八大后不到一年的时间里，习近平第三次视察海军部队。

海军辽宁舰舰长　刘喆：

从南到北，中国几乎没有一处重要的海岸线没有遭受过外敌的蹂躏侵略。近代中国的落后是多方面的，而军事上特别是海军的落后是其中最沉痛的一个历史教训。习主席多次视察海军，反映了他深沉的历史忧患和对建设强大海军的殷切期望。

昨天的耻辱主要来自海上，今天的挑战主要来自海上，明天的机遇同样来自海上。蓝色的机遇承载一个民族的强国梦想，新的战略开启一支军队新的强军境界。

2016年3月，习近平在视察国防大学时，向全军发出了建设世界一流军队的号令。这是继三年前提出强军目标之后，习近平对我军建设方向的又一次鲜明引领。

善弈者谋局。着眼夺取具有许多新的历史特点的伟大斗争新胜利，着眼党勠力复兴的执政使命，着眼治国理政全局和"四个全面"战略布局，以习近平同志为核心的党中央运筹帷幄，总揽全局，形成了强军兴军的大思路、大格局。

提出实现强军目标、建设世界一流军队，鲜明确立加强军队建设、改革和军事斗争准备的根本引领；

制定新形势下军事战略方针，立起统揽军事力量建设和运用的总纲；

强调贯彻新发展理念，更加注重聚焦实战、更加注重创新驱动、更加注重体系建设、更加注重集约高效、更加注重军民融合，创新军队建设发展的战略指导；

坚持政治建军、改革强军、科技兴军、依法治军，聚焦练兵备战，推进军民融合发展，展开强军兴军的战略布局和战略举措；

全面加强军队党的建设，为军队建设发展提供坚强组织保证……

目标、路径、举措，构成了一整套时代特色鲜明的强军方略，关键环节、重点领域、主攻方向更加清晰。

世界舆论评价，习近平在"下一盘很大的棋"。

2017年春节前夕，浓浓的节日气氛中，这样一则报道引起人们的关注。

中央电视台新闻联播：

中共中央政治局1月22日召开会议，决定设立中央军民融合发展委员会，由习近平任主任。

报道中习近平这个"新职务"，表明党中央推进军民深度融合发展的决心意志。在此之前，人们还注意到了习近平兼任的另外两个与军队建设有关的新职务。

2014年3月15日,中央军委召开深化国防和军队改革领导小组第一次全体会议,习近平以领导小组组长身份主持会议,部署深化国防和军队改革起步开局。

习近平视察中央军委联合作战指挥中心。

2016年4月20日,身着迷彩服的习近平出现在了中央电视台的屏幕上。这一次,他的身份是军委联指总指挥。

每一个新职务背后,都是一份如山的责任,都意味着对强军事业的亲力担承和强力推动。

习近平说,建设强大军队是接续奋斗的伟大事业,一代人有一代人的使命,现在强军的责任历史地落到了我们肩上。我们要挑起这副担子,必须敢于担当。

2015年最后一天,我军现代化建设迎来了一个重要里程碑——陆军领导机构、火箭军、战略支援部队宣告成立。在这一注定要载入人民军队史册的日子里,习近平向陆军、火箭军、战略支援部队授予军旗并致训词。

习近平致训词:

成立陆军领导机构、火箭军、战略支援部队,是党中央和中央军委,着眼实现中国梦、强军梦做出的重大决策。

透过训词,人们看到的是军队统帅对这三支部队建设目标的勾画:"努力建设一支强大的现代化新型陆军""努力建设一支强大的现代化火箭军""努力建设一支强大的现代化战略支援部队"。对于人民海军和人民空军,习近平提出的要求,同样也都包含着"强大"二字：瞄准世界一流，锐意开拓进取，加快转型建设，努力建设一支强大的现代化海军；以搏击空天的凌云壮志，加快建设空天一体、攻防兼备的强大人民空军。

强大！强大！强大！

这是统帅的寄望，这是人民的期盼，这是时代的召唤。

今天的辉煌连着昨天的历史，穿越90年的时空隧道，一个民族的强军梦在这5年变得愈发真切。

2012年12月10日，习近平登上原第42集团军某旅809号两栖突击车。

原第42集团军某旅车长　王锐：

2012年12月10日，习主席首次视察陆军部队，就登上了我所在的809车，我成为了陆军第一个面向主席报告的基层战士。当时我非常激动，主席和我握手的时候，我记得主席的手很大、很厚、很温暖，随后，主席还登上了炮塔顶端，详细地了解了装备的战技术性能。临走的时候，勉励我们要好好干，当时我就立下决心，要努力训练，当主席的好战士。

2013年2月2日，习近平视察酒泉卫星发射中心。

酒泉卫星发射中心高级工程师　安金霞：

我是2013年的2月2日受到习主席接见的，那是主席第一次来到东风航天城。我强烈地感受到，主席是从心里关心工作生活在这片土地上的广大科技干部。主席对我们说，作为一个中国人、炎黄子孙，特别是共产党人，一定要多做事，多做有意义的事，多做值得做的事，能够为自己的国家，多做点贡献，而且真正能够有用武之地。

2014年4月27日,习近平视察武警新疆总队某特勤中队。

武警新疆总队某特勤中队指导员　杨皓:

主席到达中队后,亲切接见了我们。主席夸奖我们,是一支英雄的部队,勉励我们,"宝剑锋从磨砺出,梅花香自苦寒来",越是斗争任务艰巨复杂严峻,越能够磨炼我们的意志,增添我们的本领。

2015年2月16日,习近平登上空军航空兵某团轰-6K战机。

空军航空兵某团政委　刘永生:

2015年2月16日,习主席来到我团视察看望,亲切接见全体飞行人员和部分基层官兵代表。习主席认真查看了各型战机和机载武器,并登上战机,亲自体验飞行操作。同时殷切勉励飞行机组,胸怀使命,苦练本领,关键时刻一招制敌。

2017年7月28日,习近平颁授"八一勋章"。

火箭军某旅一级军士长　王忠心:

我先后四次受到习主席的亲切接见。我清楚地记得,主席语重心长地说,我们的导弹武器装备精良,技术要求高,士官是操作武器装备的主体。主席的殷切寄语,充满了对火箭军士官群体的期盼。

夙兴夜寐,亲力亲为;领航强军,步履匆匆。从指挥中枢到演兵一线,从机关、院校到科研基地,从野战部队到哨卡边关……5年来,习近平一路征尘,把深深的思考、殷殷的嘱托、浓浓的关爱写满座座军营。

在中央军委民主生活会上，习近平说，作为军委主席，我应该拿出更多时间和精力，尽可能多地到部队走一走，到官兵特别是基层官兵中看一看。

军队统帅身后，是全军将士听令景从的坚定步伐，是波澜壮阔气势恢宏的强军画卷。

这5年，党领导人民军队解决了一些多年来想解决但一直没有很好解决的问题，解决了许多过去认为不可能解决的问题，实现了政治生态重塑、组织形态重塑、力量体系重塑、作风形象重塑，在中国特色强军之路上迈出了坚实步伐。经历很不平凡，努力很不平凡，成绩也很不平凡。

这5年，政治建军引领人民军队重整行装再出发，改革强军使人民军队体制一新、结构一新、格局一新、面貌一新，科技兴军驱动现代化建设"弯道超车"，依法治军推进治军方式实现根本性转变，备战打仗锻造召之即来、来之能战、战之必胜的精兵劲旅，军民融合深度发展构建军民一体化的国家战略体系和能力，全面加强党的建设为强军事业提供坚强的组织保证，强力正风反腐为军队扫去阴霾、重焕天青。

这5年，全军官兵坚定维护核心，坚决听党指挥，忠诚履行使命，东海南海维权树起坚不可摧钢铁长城，抗震抗洪救灾尽显人民军队宗旨本色，维和护航撤侨彰显负责任大国形象，中外联演联训一展威武之师风采。

这5年，天舟遨游苍穹，天河光耀世界，国产航母下水，

强军

歼-20惊艳亮相……强国强军，曾经那么遥远，而今仿佛就在眼前。

2017年庆祝建军90周年阅兵现场。

在庆祝中国人民解放军建军90周年之际，雄师劲旅列阵沙场，以作战编成、战斗姿态接受军队统帅的检阅，向世界展示了人民军队阔步强军新征程的昂扬风貌。

珠海航展，运-20飞机起飞。

这款刚刚列装中国空军的战略运输机，有一个响亮的名字：鲲鹏。

鹏者，大鸟也。"大鹏一日同风起，扶摇直上九万里。"

今天，插上梦想翅膀的人民军队，就像一只振翅高飞的大鹏，豪逸穿云，凌越长空。

第二集

铸魂

第二集《铸魂》完整视频

闽西古田，人民军队定型的地方。从空中俯瞰，这座古朴的院落依然是小镇的醒目地标，"古田会议永放光芒"八个大字熠熠生辉。

无数游人慕名而来，在小镇无处不在的红色文化中接受心灵的洗礼。今天，这里迎来了一群特殊的访客。他们是不同国籍的军人，为探寻一个不同寻常的答案而来。

国防大学防务学院外军学员　迪米特里欧斯中校：

我的中国朋友说，要想了解中国军队，古田是一定要去的地方。

国防大学防务学院外军学员　大卫上校：

我知道，在这里毛泽东、习近平先后召开了两次重要会议。为什么今天还要说从这里再出发？

对于人民军队的"血脉基因"和"命根子"，习近平有这样一段精辟的概括："坚决听党指挥是我们的建军之魂、强军之魂。过去我们是这么做的，现在是这么做的，将来还要这么做。

这是一切敌人最惧怕我们的一点。"

党对军队的绝对领导,是我军的军魂和命根子,永远不能变,永远不能丢。还在第一次主持军委常务会议时,习近平就鲜明提出,在坚持党对军队绝对领导的根本原则问题上,必须头脑特别清醒,态度特别鲜明,行动特别坚决。

20天后,习近平接见原第二炮兵第八次党代会代表时,对坚持党对军队绝对领导这一根本原则和制度提出更高要求:确保部队绝对忠诚、绝对纯洁、绝对可靠。

"三个特别""三个绝对"立起了听党指挥的时代标准,凸显了党的领袖、军队统帅对政治建军的深谋远虑。

时光回到那个落雪的季节。1929年12月28日至29日,面临生死存亡的"朱毛"红军,在古田召开第九次党的代表大会,确立了思想建党、政治建军的原则。从此,这支注入了政治灵魂的工农武装脱胎换骨,成为不同于历史上任何一支旧武装的新型军队。

85年后,曾经创造了历史的古田,迎来又一个历史时刻。2014年10月30日,习近平亲自决策和领导,召开古田全军政治工作会议。着眼新的历史条件下党从思想上、政治上建设军队,习近平郑重提出我军政治工作的时代主题。

习近平:

紧紧围绕实现中华民族伟大复兴的中国梦,为实现党在新形势下的强军目标提供坚强政治保证。

在这次具有里程碑意义的会议上,习近平强调,要把"理想信念、党性原则、战斗力标准和政治工作威信"四个带根本性的东西牢固立起来,要求全军着力抓好铸牢军魂工作、着力抓好高中级干部管理、着力抓好作风建设和反腐败斗争、着力抓好战斗精神培育、着力抓好政治工作创新发展。

古田会议纪念馆原馆长　曾汉辉:

习主席在福建工作期间,曾先后7次到过古田,熟悉这里的山山水水,更熟悉这里的红色底蕴。如果说当年召开古田会议,是危难时刻的必然选择,那么,这次在这里召开全军政治工作会议,我的理解是,这是一种历史的自觉,是为了寻根溯源、温故知新、正本清源。

重回古田,是深情的寻根,是深刻的传承。在毛泽东雕像前,习近平肃立致敬,敬献花篮;在古田会议旧址和纪念馆,习近平边听边看、驻足沉思。

红米饭、南瓜汤、观音菜、炒烟笋……摆上了军委主席和与会代表的餐桌。回望源头,汲取智慧营养;面向未来,思考使命担当。

圣地古田,再一次对我军的前途和命运产生深远影响。人民军队政治工作"生命线"在革弊鼎新、正本清源中焕发蓬勃生机和强大威力。

历史是最好的教科书,反面的警示往往更加深刻。

1991年冬季的莫斯科,似乎比往年更加寒冷。圣诞节来临,一面印有五角星、镰刀和锤头的旗帜,从克里姆林宫上空黯然降下,世界上第一个社会主义国家就这样解体了……

一些老布尔什维克惊呼：我们的红军在哪里？那支战胜过德国纳粹和日本法西斯的军队在哪里？

对于这样一个问题，美国前国家安全局长威廉·奥多姆在《苏联军队是怎样崩溃的》一书中给出了答案：苏共取消军队政治工作，主动放弃了对苏军的领导。

习近平反复告诫，坚持党对军队的绝对领导不能有丝毫差池，否则就要犯历史性错误。

面对时代新课题，如何才能强根固本、永不变色？站在强军新起点，怎样才能赓续传统、开新图强？

2014年12月30日，习近平亲自领导和主持起草的《关于新形势下军队政治工作若干问题的决定》，以中共中央名义转发全党全军。这份纲领性文件，勾画了新形势下政治建军的方略和蓝图，开启了人民军队政治整训的新征程。

2017年1月23日，在鸡年新春到来之际，习近平冒着严寒来到陆军某旅"大功三连"。

习近平与士兵对话：

习近平："条件还行吧？"

士兵："首长，条件挺好的。"

习近平："冬天还挺暖和的。"

走进连队学习室，看到官兵通过手机APP"学习军营"向全连推送学习成果，习近平勉励官兵发扬优良传统，当好时代楷模，用党的创新理论武装头脑，在强军事业中绽放青春梦想，在火热军营里锻造出彩人生。

学系列讲话，育四有新人，建四铁连队。

心中有魂，脚下有根。这个在战争年代四次荣立大功的英雄连队，坚持把党的科学理论作为建连之魂、育人之本，以精神之"钙"铸魂强军，成为闻名全军的时代楷模。2017年八一前夕，中央军委授予大功三连"学习践行党的创新理论模范连"荣誉称号。

人民大会堂，"大功三连"事迹报告会。

这位正在讲述儿子成长故事的母亲，是一位国有企业的党务工作者，她也没有想到，曾经性格叛逆的儿子会成为英雄连队的优秀士兵。

"大功三连"战士陆钧杰的母亲　刘嘉彤：

到底什么原因使得儿子变化这么大？我和儿子也谈过好几次。他告诉我说，连队里头理论学习的氛围特别浓，学习习主席系列重要讲话精神，每个人都潜移默化受到了影响，不仅是在治国理政的大方略上有了独特的见解，而且明白了许多立身做人的道理。

"大功三连"官兵用科学理论引领成长成才的故事，彰显了习主席系列重要讲话的真理魅力，不仅对部队官兵有教育意义，对当代青年也很有启示。在刚刚过去的这个春夏，从内地到边疆，从军营到高校，40场报告会和座谈交流在全国全军引起强烈反响。

创新理论如汩汩清泉，浇灌理想之树，滋润官兵心田，习主席系列重要讲话精神在部队落地生根，党在新时期的强军思想在实践中放射出灿烂的真理光芒。

2016年元旦刚过,习近平视察当时的第13集团军。走进军史馆,他在半截皮带展柜旁停下了脚步。

长征途中,红军将士面临的最大威胁是粮食的严重短缺。三过草地的一个红军班早已断粮断炊,半截皮带成了全班最后的食粮,战士周广才含着泪说:"同志们,我们把它留下作个纪念吧,带着它到陕北,去找党中央,去见毛主席!"

到陕北去、见毛主席,就是这样的信念支撑着年轻的红军战士,走出茫茫草地,走到了陕北。半截皮带的故事,令习近平动容。他感慨地说:"这就是信仰的力量,就是'铁心跟党走'的生动写照。"

军事科学院研究员　罗援:

半截皮带浓缩的是革命理想高于天的坚定信念,这是我们战胜强大敌人和艰难险阻的力量之源。当年,司徒雷登总结国民党失败原因时,曾这样分析:共产党之所以成功,在于其成员对它的事业的无私献身精神。

一个政党没有了理想,就离垮台不远;一支军队失去了信念,就会丧失战斗力。习近平说,崇高的理想,坚定的信念,是中国共产党人的政治灵魂,是人民军队的精神支柱。他要求,把坚定官兵理想信念作为固本培元、凝魂聚气的战略工程,把理想信念的火种,把红色基因的传统一代代传下来。

习近平:

要永远保持建党时中国共产党人的奋斗精神。一切向前走,都不能忘记走过的路；走得再远、走到再光辉的未来，也不能忘记走过的过去。

对于在军队改革重塑中如何继承和发扬好部队的光荣传统，习近平高度关注。他指出，集团军的光荣传统和荣誉主要集中在师旅团以下部队，这些部队保留着，红色基因传承就断不了。

春雨，染绿了天山南北。2014年4月29日，习近平来到新疆军区某师视察。这是一支创建于陕甘边根据地的红军部队，从陕北到新疆，部队一路征战、几渡难关，依然珍藏着红军时期留下的家底：2993块银元、两瓶金沙和一块金锭。这是部队的传家宝，见证着红色基因的传承接续。习近平叮嘱部队领导，要永葆老红军的政治本色，让红色基因融入官兵血脉，代代相传。

7月的福州骄阳似火，习近平又来到了陆军某部的训练场上。近千名官兵整齐列阵，迎接军委主席。望着一张张年轻的面孔，习近平勉励官兵：发扬光荣传统，当好红色传人。

成就大业，重在立人。习近平强调，军队要像军队的样子。要深入思考我们军队在古田定型时是什么样子，是怎么走过来的，现在处在什么历史方位，对照优良传统差距和问题在哪里，下一步要往哪里走，要干成什么样子。

着眼强军兴军的时代要求，习近平为人民军队和革命军人画出标准像。

习近平：

培养有灵魂、有本事、有血性、有品德的新一代革命军人，锻造铁一般信仰、铁一般信念、铁一般纪律、铁一般担当的过硬部队。

做有灵魂、有本事、有血性、有品德的新一代革命军人；建设具有铁一般信仰、铁一般信念、铁一般纪律、铁一般担当的过硬部队。"四有""四铁"迅速在全军叫响，赢得三军将士广泛认同，成为官兵投身强军兴军的火热实践。强军路上，"四有"新一代革命军人标兵灿若群星……

英雄你在哪里？

2016年7月14日，这样一条信息"刷屏"无数朋友圈。这一天，强台风登陆福建沿海，陆军某部闻令而动，抢险救灾。泥石流冲毁了道路，3名战士被卷进湍急的闽江。危急时刻，班长刘景泰用足力气将战友推向岸边，而自己却被巨浪吞噬……

战友们在寻找，沿岸群众在寻找，心急如焚的父母亲从山东老家赶来，声声呼唤着心爱的儿子。然而，江水呜咽，那个豹子一样迅猛、蛟龙一样矫健的两栖训练尖兵，却再也没有回来。

刘景泰所在部队就是两年前习近平视察过的英雄部队。头一年，刘景泰被评为"四有"新一代革命军人标兵。

榜样的力量，是无声的命令。铸魂育人，行胜于言。

聂荣臻元帅生前曾回忆，红军时期每一仗下来，党团员伤亡数，常常占到伤亡总数的25%，甚至50%。

1935年8月21日，长征途中的红二十五军在甘肃泾川突遭国民党军重兵阻击，危急关头军政委吴焕先提枪冲在最前，不幸中弹牺牲，年仅28岁。

空降兵军"黄继光英雄连"点名：

"点名！""黄继光——"

"到——""到——""到——"

到今天，英雄黄继光已经离去65年。然而，黄继光生前所在连队的每一次晚点名，第一个名字就是这个永远21岁的志愿军英雄。走进空降兵军，在林荫道上，在大操场上，在连队的荣誉室里，一座座英雄的雕像仿佛告诉人们，英雄没有离去，英雄就在身边。

习近平：

英勇顽强，视死如归，血战到底，人民军队用大无畏的气概赢得了党的信任、人民赞誉，也赢得了世界尊敬。

这是一场红蓝对抗演习，立体交战进入激烈胶着状态。突然，几架直升机出现在蓝方阵地纵深，某特战旅政委武仲良率先跳出机舱，很快，战事决出胜负。

特种作战，需要特殊的本领、特殊的技能，更需要特别能战斗的精神。蛙人潜水，武仲良最先下海；伞降训练，武仲良第一批跳伞；不论春秋寒暑，十公里长跑风雨无阻。他所在的特战旅成为全军特种作战部队的"领头雁"，荣立集体一等功。

第80集团军某特战旅政委 武仲良：

领导干部"有样子"，政治工作才会有威信。现在时代发展了，做政治工作的手段和方法越来越多，但我认为最根本最重要的一条，还是以身作则、模范带头。

战争年代冲锋在前，和平时期一马当先。

从实战化演兵场上驾机领飞的旅团领导，到开第一炮的"常委班"；从一批又一批扎在基层、蹲连住班的机关干部，到深化改革中带头服从组织安排、勇敢面对转型挑战的领导干部……人民军队的"关键少数"身先士卒作表率，撸起袖子加油干，广大官兵跟着学、照着做，砥砺践行。

2015年12月25日，习近平视察解放军报社。在新媒体平台，他通过微博微信向全军官兵祝贺新年。一则题为《习近平亲自发微博，带来一段被"敲"动的历史》的消息，随即引爆互联网。

当今时代，信息技术日新月异，经济社会深刻变革，思想文化多元多样多变，军队现代化建设加速推进。面对新的社会历史环境，习近平告诫全军：政治工作过不了网络关就过不了时代关。

2009年初，时任国家副主席的习近平出访拉美国家。刚刚过去的2008年，我国取得了汶川抗震的胜利和北京奥运会的成功。在与当时的委内瑞拉总统查韦斯会谈时，查韦斯问，你们中国共产党这么有力量，靠的是什么？习近平给他举了人民军队"支部建在连上"的例子。

来过江西永新县三湾村的人，都对村头这棵大枫树留下深刻印象。1927年的秋天，就在这棵苍劲的古树下，毛泽东向刚刚经历秋收起义失利的队伍宣布了"支部建在连上"的重要原则：班排建立党小组，连队建立党支部，营团建立党的委员会。从此，党的领导直达基层、直达官兵。

毛泽东曾这样评价：红军所以艰难奋战而不溃散，"支部建在连上"是一个重要原因。

无形的精神和有形的组织，熔铸人民军队不屈的魂魄。在《朝鲜战争中的美国陆军》一书中，美国人曾这样描述我军：在战争中还从未发现一支健全的共产党军队陷入解体，不管这支军队损失如何严重，只要党组织还保持完好，他们就有抵御能力。

国防大学政委　吴杰明：

党对军队的绝对领导是中国特色社会主义的本质特征，是我们党和国家的重要政治优势，是建军之本、强军之魂。坚持党对军队的绝对领导，有一整套原则和制度作保证，核心要求是军委实行主席负责制。军委主席负责制是宪法确立的重大政治制度和军事制度，是党对军队绝对领导的最高实现形式，是我们党建军治军的宝贵经验和优良传统。

2016年10月，金秋北京。党的十八届六中全会明确习近平同志为党中央的核心、全党的核心，反映了全党全军全国各族人民的共同意愿，这是关乎旗帜道路方向、关乎党运国脉军魂的时代选择、历史选择，是党和国家根本利益所在。

历史的经验表明，坚决维护和贯彻军委主席负责制，人民军队就有了"主心骨"，强军兴军就有了"定盘星"，全军官兵就能始终凝聚在党的旗帜下，团结行动如一人，成为党和国家事业兴旺发达、长治久安的"压舱石"。

全军部队认真开展维护核心、听从指挥主题教育，注重搞好军委主席负责制学习教育，严格落实请示报告、督促检查、信息服务等工作机制，不断强化政治意识、大局意识、核心意识、看齐意识，始终做到思想上坚定追随、政治上绝对忠诚、情感上真诚拥戴、行动上看齐紧跟。

"雄关漫道真如铁，而今迈步从头越。"从古田再出发，人民军队不忘初心、军魂永驻，在新形势下政治建军方略的引领下，正在书写强军兴军的崭新篇章。

第三集

制胜

第三集《制胜》完整视频

2016年底,新年的气氛越来越浓。然而,一部纪录片却在网络上弥漫起不安的情绪。

这部由英国人制作的纪录片,片名为《即将到来的对华战争》。

美国作家詹姆斯·布拉德利:

如果你身处北京,站在北京最高的楼顶上,去眺望太平洋,如果我是个中国人,我就会担心。

影片的解说词写道:"分布在中国周边的外国军事基地密密匝匝,像绳索一样,牢牢套住了中国的脖颈。"

这样的严峻局面,已经远非一日。人们不禁要问,我军能不能应对越来越复杂的安全态势?

担任中央军委主席之初,习近平就充满忧患地说:"我想的最多的就是,在党和人民需要的时候,我们这支军队能不能始终坚持住党的绝对领导,能不能拉得上去、打胜仗,各级指挥员能不能带兵打仗、指挥打仗。"

这三个"能不能",是习近平的"胜战之问";这三个"能不能",也是人民军队战斗力建设必须回答的时代之问!

这里是北京名胜西山八大处。在著名的灵光寺旁,当年曾有一座同样著名的招仙塔,供奉释迦牟尼佛牙舍利,1900年毁于八国联军的炮火。

山梁之下的这座巨大营盘,过去曾是北京军区机关所在地,如今是中国人民解放军中部战区领导机关。

2013年八一建军节前夕,就是在这里,习近平向全军发出号令:要始终坚持战斗力这个唯一的根本的标准,全部心思向打仗聚焦,各项工作向打仗用劲,切实把部队实战化水平搞上去。

朱日和训练基地。

距离北京600公里的内蒙古草原深处,一场大规模的实兵实弹演习交战正酣。

从牧草泛青的春季,到雪花飘落的严冬。这场代号为"跨越—2014·朱日和"的军演,由当时的七大军区各派出1支陆军合成旅,与蓝军旅进行实兵对抗演练。"车轮大战"的结果令人大吃一惊。6∶1,蓝军胜,红军败!

时任第41集团军某机步旅旅长　杨勇:

我们从南方满怀信心去参加演习,结果一下子被打蒙了!说实话,战斗力标准过去也常说,打了胜仗可能没什么感觉,而一旦吃了败仗,再来看习主席为什么在战斗力标准前面强调"唯一的""根本的"这个双重定语,我们的理解和感悟就完全不一样了。

战斗力标准是什么？战斗力现状怎么看？战斗力建设怎么办？一场思想的风暴，迅速在全军刮起。如同当年的真理标准大讨论一样，战斗力标准大讨论就像尖刀，剖开了军队战斗力建设顽症痼疾的病灶，要求每一名军人必须作出诚实的回答。

战斗力标准大讨论，实质上是军队根本职能的返璞归真。从军委领导到普通一兵，人人全程参与；上至领率机关、下到基层班排，层层反思检视。力度之大，影响之广，切中要害之深，实属罕见。

中部战区陆军某旅训练场猛士营战术进攻。

1960年5月，英国元帅蒙哥马利曾经来到过这个训练场。在观看了中国陆军的军事训练后，这位"二战"名将说出了一段名言："我要告诫我的同行，永远不要和中国军队在地面交手，这要成为军事家的一条禁忌。"

然而，半个世纪后，朱日和草原上模拟外军的蓝军旅，让一支支骁勇善战的陆军部队遇到了强劲对手。

这支看似神秘的蓝军部队是哪里来的呢？

历史似乎穿越一般，一路风尘呼啸，又回到了原点。这支部队，就是从蒙哥马利元帅参观过的营地，开赴北疆草原的。对于它的前世今生，曾经败在过他们手下的这个装甲旅最为清楚。

2011年，当时的第65集团军某装甲师一分为二，变成两个旅，一个留在燕山脚下，一支挺进草原深处。后者，就是我军历史上第一支成建制的专业陆军蓝军旅。

两支部队,犹如一母同胞的孪生兄弟,人员一样,装备一样,以往的训练也一样。时隔三年,两支几乎一样的部队,首次对抗交手,胜负的天平却发生了剧烈倾斜。

红蓝对抗实况。

"到了没有?后面的部队都压住了,赶快到位,快一点,20分钟之内,必须把前方道路给我开通。"

这是当时对抗现场的实况录像。兵败草原的那一刻,红军装甲旅政委刘海涛流下了泪水。

时任第65集团军某装甲旅政委 刘海涛:

"那个鼻子上,什么上都是土。哎呀,没法说,确实的,我组织的,我都受感动。"

时任第65集团军某装甲旅政委 刘海涛:

我们这两支部队,祖根相同,又是孪生兄弟。这次上来对抗检验,我们信心十分足,想打赢他们。但是经过七天,我们输了,我们输得也很痛心,输得也很值。我们反思,为什么我们输了,吃了败仗。我感觉到一个很重要的方面,就是没有按照实战的要求去练兵,战斗力建设这个根本的标准,在我们党委班子,在我们各级指挥员中,还没有真正地树立起来。

红蓝铅笔,军人再熟悉不过的标图工具。在军事地图上,红色代表我军,蓝色代表敌军。红胜蓝败,曾经是军队演兵场上约定俗成的惯例。然而,从那个夏天开始,这样的惯例被打破了。

6∶1暴露的问题，只是冰山一角。第二年，依托位于内蒙古朱日和、安徽三界等大型综合训练基地，陆军29个旅团与蓝军部队展开实兵对抗，均为红败蓝胜。

这样的结果，震惊了全军。

某部花园式营区。

和平，是对军人的最高奖赏，也是军人面对的最大考验。

打仗主业不突出，训练思想不端正，影响到部队建设的方方面面。如果没有人告诉你，你可能分不清这是军营还是公园。一度，花园式营区成了部队驻地建设的标配。本来应该动若风发的野战军，却在城市里过起了日子。军人背上了这些坛坛罐罐，一旦战争来临，还能义无反顾，拔腿就走吗？

习近平：

能战方能止战，准备打才可能不必打，越不能打越可能挨打。

习近平指出："训风不正是对官兵生命、对未来战争极大的不负责任，危害甚大，必须坚决克服。"统帅的话语，戳中了三军将士的心。长期积累的弊端，再也不能继续下去了！

军事训练，就是战争的预演。习近平说："军事训练抓什么？我想就是实战化。"2014年3月，中央军委颁发《关于提高军事训练实战化水平的意见》，系统提出提高军事训练实战化水平的指导思想、总体思路、主要任务和措施要求。随后召开的全军实战化军事训练座谈会，深入检讨反省与实战化要求不符的突出问题，颁发《加强实战化军事训练暂行规定》，军委机关和战区、军种机关都成立专门的训练监察机构,完善训练管理链路,建立纠治训风演风考风长效机制,持续提高军事训练实战化水平。

2015年2月20日,美国詹姆斯敦基金会网站发表了题为《朱日和之狼——中国蓝军已成气候》的文章,详细介绍了这支以张开大嘴的狼头为标记的部队。

中部战区联合参谋部联合训练局局长　周志国:

来自全军的红军部队接连在朱日和吃了败仗,多少心里有些不服气。2015系列军演结束之后,我建议在当年最后一次演习当中再加一场,双方互换角色。让一支曾经叱咤战场的陆军劲旅担负防御,蓝军转为进攻。结果还是蓝军完胜。说实话,蓝军旅成立时间并不长,战斗力并不是很突出。这说明了什么?

周志国曾担任过蓝军旅的第一任旅长。他知道,蓝军部队之所以连打连胜,胜就胜在他们的训练更接近实战。

真正接近战场,就贴近了战争。《关于在党委领导工作中贯彻落实战斗力标准的意见》印发全军,第一次明确了党委在落实战斗力标准上的责任。从南国丛林到西北大漠,从深海大洋到万里苍穹,伴随着战斗力标准大讨论的日益深入,全军将士毅然决然投身实战化训练大熔炉,锻造召之即来、来之能战、战之必胜的精兵劲旅。

冬日的长风掠过泉城济南,习近平冒着严寒来到济南驻军某训练基地,叮嘱部队领导,要坚持仗怎么打兵就怎么练,打仗需要什么就苦练什么，部队最缺什么就专攻精练什么，在近似实战的环境下摔打锻炼部队。

酒泉鼎新，空军自由空战演习。

如果说在内蒙古草原深处，锻造的是陆战之虎；那么位于西北大漠的这方广袤天空，磨砺的则是空战之鹰。2014年秋意正浓的时节，来自空军的14个航空兵团，成建制飞临西北，开始了人民空军空战训练的一场革命。这，就是自由空战。

美军"红旗"军演。

现代空战，空中态势瞬息万变，胜败就在分秒之间，战斗机飞行员的"自主裁量权"尤为重要。自由空战，就是对抗双方在不设定条件下自由攻防，依据双方在空中的态势、采取的战法和攻击效果等情况打分评定输赢。

"金头盔"，空军战斗机飞行员最高荣誉，就诞生于自由空战的擂台。作为参与"打擂"的"80后"飞行员、三次夺得过"金头盔"桂冠的蒋佳冀，对第一次打擂时反败为胜的"逆袭"，还记忆犹新。

信息主导、体系支撑、精兵作战、联合制胜。从海湾战争到伊拉克战争，从车臣战争到叙利亚战争，战争形态和作战样式在加速演变。

在军队一次重要会议上，习近平指出，研究作战问题，核心是要把现代战争的特点规律和制胜机理搞清楚。现代战争确实发生了深刻变化。这些变化看上去眼花缭乱，但背后是有规律可循的，根本的是战争的制胜机理变了。我们要透过现象看本质，把现代战争的制胜机理搞透，否则的话只能是看西洋镜，不得要领。

国防大学兵棋中心。

布满了蜂巢一样格子的大屏幕上，千军万马正在激烈对抗。发生在一名坦克手身上的战例，成为课堂上的研讨话题。

时任第27集团军某部班长　安国建：

能联系上吗？联系不上咱们自己干了，直接往里边插就行了。上车，准备用高机弹。开始！

在一次演习中，当时第27集团军一名叫作安国建的班长，驾驶着208号战车，躲过10枚蓝军导弹，连续击毁对手4辆坦克和2辆装甲车。然而，对抗的结果，还是红军告负。

兵棋推演，从制胜机理层面把将军学员们的思绪，引向了操控现代战争的那只看不见的手。

"使命行动-2013"跨区机动战役演习。

这是一场由4万多名官兵参加的跨区机动战役演习。习近平亲自审定演习方案。方案明确，要通过紧贴实战的课题设置、从难从严的临机导调、求真务实的演风训风，全过程锻炼提高部队遂行任务的实战能力。

演习在陆海空天电多维战场拉开大幕，参演部队机动行程3万公里，军委领导通过远程视频系统，对演习进行临机导调，要求部队不怕出错，不怕搞砸，不怕推倒重来。

国防部每月一次的例行记者会首次向外国媒体开放。东南沿海的军事演习，成为敏感的记者们反复追问的话题。他们甚至关注到，一个旅级单位的主官因为训练造假受到严厉查处。

党的十八大以来，仅训练问责一项，全军就有600多名干部被取消拟任主官资格、推迟调职晋衔或受到处分追责。

习近平视察海军某舰载机综合试验训练基地。

茫茫渤海，风急雨骤。这是一次风雨兼程的视察。2013年8月28日上午，习近平一下飞机就冒雨来到海军某舰载机综合试验训练基地，观看舰载机滑跃起飞、阻拦着陆训练。

当天下午，习近平又赶往大连，登上停泊在大连港的辽宁舰。

习近平详细了解武器装备性能，不断地停下脚步，认真询问一些具体细节。从习近平关切的目光中，官兵们深深感到：拥有了航母只是航母梦的开始，我们不仅仅是要解决有无问题，中国更需要的是能打仗的航母。

日出日隐，潮落潮起。习近平亲临演训现场，视察拳头部队。统帅的行动，如同无声的命令，向各级指挥员传递出"带兵打仗、练兵打仗"的强烈信号。

北京八一大楼。

党的十八大以来，习近平多次在这里同新提升的军队高级干部谈话，勉励他们树立强烈的忧患意识，加快"提高打仗能力"。

能打仗、打胜仗，选将用将的标尺刻度必须清晰明确。习近平专门就军队选人用人向各级党委提出严格要求：把那些想打仗、谋打仗、能打仗的干部用起来。不能打仗、只想在军队混个一官半职、谋取待遇的人,不仅不能提拔,而且要批评教育。

2015年,党中央决定举行盛大阅兵式,纪念抗日战争暨世界反法西斯战争胜利70周年。习近平亲自决策:受阅方队,由将军领队!

时任沈阳军区空军参谋长的常丁求作为歼-10梯队领队,驾机飞过天安门广场。阅兵之后,常丁求出任南部战区副司令员。

南部战区副司令员　常丁求:

习主席嘱托,要高度重视联合训练和联合作战,要求我们加紧探索战区主战的新路径。我感到,主席最为关注的就是我们各级指挥员练兵打仗、带兵打仗的能力。

只有打造后天的军队,才能赢得明天的战争。习近平说:"现在不少人嘴上说的是明天的战争,实际准备的是昨天的战争。"他多次告诫全军,我们千万不要做苏联话剧《前线》中那个故步自封的戈尔洛夫。

战争形态不断变化,人才培养必须跟上。2016年早春,习近平来到北京西山,为国防大学的人才培养战略清晰定位:要把培养联合作战指挥人才突出出来,深入研究把握联合作战指挥人才培养规律。

根据习近平主席的决策部署,中央军委集中对全军和武警部队军级以上领导班子,进行大范围考核。是否掌握现代战争的制胜机理,是否具备指挥现代战争的能力,被鲜明列入考核重点。

"航母战斗机英雄试飞员"戴明盟、导弹护卫舰舰长高克、空军"金头盔"飞行员蒋佳冀、新一代"蓝军"旅长满广志、陆航特级飞行员赵理准、特战营营长刘珪……

用人导向是最根本的导向。一个个从实战化演兵场上脱颖而出的新型指挥人才，被委以重任，向全军传递出一个强烈信号：战斗力标准落下去了，实战化水平提起来了。

从东南沿海到西北大漠，从天涯海角到林海雪原……动起来，实起来，对抗起来，短短几年间，各军兵种远程跨区机动演习，成为新常态。

2015年最后一天，火箭军成立。习近平在训词中指示：

按照核常兼备、全域慑战的战略要求，增强可信可靠的核威慑和核反击能力，加强中远程精确打击力量建设，增强战略的制衡能力，努力建设一支强大的现代化火箭军。

"随时能战，准时发射，有效毁伤"。跨过夜幕下一道道森严的岗哨，进入大山深处迷宫般的坑道，火箭军某旅官兵进入不分昼夜的"战斗时刻"。部队用作战的方式训练，用训练的方式作战。几十个日日夜夜过去，官兵们已经分不清白昼还是黑夜，他们的心中只有使命与担当。

火箭军官兵各面板显示正常……

火箭军，战略威慑的核心力量，大国地位的战略支撑。大山深处的每一方阵地，都蕴藏着一个国家威而不怒的尊严。岩层下寂寞的长跑，换来的是长剑出鞘的炫目光芒。

海南三亚军港。

除夕的海南三亚,十里港湾渔火点点,不夜的都市霓虹闪烁,不远处的军港却是一片静谧。

我们的战舰到哪儿去了?水兵又到哪儿去了?

时刻准备启航,时刻准备打仗。在这个万家团聚的夜晚,年轻的水兵们头枕的不再是宁静军港的柔波细浪,而是浩瀚大洋的惊涛骇浪。

然而,走向深海大洋的每一步都凶险莫测。2014年春节期间的一个午夜,潜行在大海深处的南海舰队372潜艇突然遭遇"掉深"。

"掉深"就是"水下断崖",就像高速行驶的汽车突然掉进了悬崖。小的"掉深"还可以应对,而强度大的"掉深"则是全世界海军的噩梦。曾经,一艘外国潜艇在深潜试验时因"掉深"而失事沉没,100多名艇员全部遇难。

372潜艇遇到的就是强度"掉深"。用不了几分钟,潜艇将达到极限深度。危急一个接着一个,主机舱一根管道破裂,海水瞬间喷入舱室。关键时刻,指挥员王红理3分钟内连续下达几十道口令!各个战位官兵凭借训练有素的"肌肉记忆",在能见度几乎为零的水雾中,仅用3分钟就关闭了大大小小近百个阀门、操纵了几十种仪器,一场特大险情成功化解。

时任南海舰队某潜艇支队支队长　王红理:

在这种情况下,我们指挥舱的指令就一起下,所以全艇的同志都是一起动,关闭了通向舷外的阀,给所有注水柜供气,上浮。然后再操纵潜艇保持平衡。

大海，仿佛有意考验这些勇敢的水兵。潜艇刚刚浮出水面，外军舰机就从空中水下跟踪而来、围追堵截。但从生死线上闯出来的官兵们毫无畏惧，一方面及时抢修装备，一方面进行战术机动规避，有理有节斗争，圆满完成任务。

在用兵中练兵，在练兵中用兵。2016年7月15日，一张空军轰－6K远程轰炸机飞越南海岛礁的照片引爆互联网。

这张照片记录的，是空军南海战巡的瞬间。其实，早在一年前，我空军轰炸机就飞越了巴士海峡，首次进入西太平洋上空进行远海训练。当中国轰炸机第一次出现在这片陌生海域，外军的飞机迅速围了过来。

空军航空兵某团团长　刘锐：

最近的也就是不到10米，贴到我边上，脸都能看得很清楚。你盯着我，我盯着你，你瞪着我，我瞪着你。完了他把机翼掀起来，下面挂着空空导弹，他在向我展示他的肌肉。这种心理的较量，是平时训练中所没有的。我一丝一毫也没有改变航向，继续飞行。后来我们去得多了，外军飞机就习以为常了，远远地看着。

习主席视察原第14集团军。

铸剑先铸气，强军要强心。2015年初春，习近平来到满目春色的云南昆明，走进了原第14集团军的军史馆。在烈士王建川的遗物前，习近平久久伫立。

这是19岁的王建川生前在阵地写给母亲的一首诗。30多年前,也是这样一个山茶花绽放的时节,一场保卫边疆的战斗打响,王建川献出了年轻的生命。清理他的遗物,战友发现了这首诗。

王建川写给母亲的诗:

放心吧妈妈,我已经懂得了"战士"的含义。当还击侵略者的炮声震撼大地,妈妈,请你不要把孩儿惦记。不付出代价怎能得到胜利?战士的决心早已融进枪膛里,为了祖国不惜血染战旗!

习近平说,打仗从来都是狭路相逢勇者胜,军人必须有一不怕苦、二不怕死的精神。和平时期,决不能把兵带娇气了,威武之师还得威武,军人还得有血性。

硝烟散去,中国周边已多年没有战事,但强军征程上同样有军人的流血牺牲。

内蒙古伊木河边防连连长杜宏,维和战士申亮亮、李磊、杨树朋,驻索马里大使馆武警战士张楠,云南省军区扫雷指挥部战士程俊辉……

舰载战斗机飞行员,刀尖上的舞者。国际权威统计,舰载机飞行员的风险系数是航天员的5倍、普通飞行员的20倍。2016年4月27日,一级飞行员张超驾驶歼-15战机进行航母起降模拟着舰训练时,突遇飞机故障。在生死攸关的4.4秒,张超为尽最大可能保住战机,因此错过了最佳跳伞时机,壮烈牺牲。按计划,再有3天他将驾驶战机真正到航母飞行……

海军某舰载航空兵部队部队长　戴明盟：

张超来自海空卫士王伟生前所在的部队，他先后飞过6种机型，曾经多次驾机驱离抵近侦察的外军飞机。就在他即将要提升副大队长的时候，参与了舰载战斗机飞行员的选拔。他的面试是我跟他交流的，在面试的时候，我曾经问过他一个问题，就是你知道这个舰载战斗机飞行很危险吗？你还愿意来吗？他当时回答得很坚定，他说我知道这个危险，而且我愿意来，我很喜欢干这个。

噩耗传来，习近平在这位英雄飞行员的事迹材料上作出重要批示：要把张超烈士的先进事迹总结好、宣传好。

发展舰载机对我们来说是前无古人的事业，充满风险挑战和艰辛。在张超的精神鼓舞下，他的战友们没有被训练当中遇到的困难所吓倒，很快投入到了再次的战斗。

时针指向2017年元旦，我国航母编队开始了入列以来的航程最远一次训练，从黄海到东海，出宫古海峡，进入南海。张超的战友们驾机从辽宁舰跃入蓝天，空中加油，实弹射击……

春去春来，高天流云。就像战舰留在大海上的壮美航迹，人民军队波澜壮阔的砺兵画卷展现在世人眼前。

中国军队的变化同样引起了世界关注。"不必过度解读。"虽然国防部发言人的回应总是那么云淡风轻，但在各国同行的眼中，这些变化似乎并不简单。

仅2016年，我军参加的国际比武、军事竞赛、中外联演联训，就多达37场。

英国驻华武官　西蒙·李威准将：

我很幸运，因为我观摩了解放军的两次重要演习。中国军队已经掌握了有效使用数字系统的技术，他们比第一次演习能够更有效地协调火力，下级部队的技能和操练也好得多。士兵们更强壮，行动更迅捷，所有细节都很好。实际上，给我留下更深刻印象的是作战思想的改变。

法国驻华武官　朱雷上校：

无法将90年代我所看到的中国空军与今天的中国空军进行对比。中国军队现在已经拥有了具备优秀战术素养的飞行员，距离一流标准不再遥远，进步非常明显。

军队，只有两种状态，战争和准备战争。

从海上到陆地，从空中到空天，春有大练兵，夏有大海训，秋有大演习，冬有大拉练，经费投向投量向能打仗、打胜仗聚焦，人民军队的实战化训练，唱响了"四季歌"。

习近平在庆祝建军90周年大会上讲话：

我们绝不允许任何人、任何组织、任何政党、在任何时候、以任何形式、把任何一块中国领土从中国分裂出去，谁都不要指望我们会吞下损害我国主权、安全、发展利益的苦果。

北疆，草原深处。从2013年初夏开始的实战化对抗演习，到今天还在上演，红蓝双方仍在较量。从各战区浩荡而来的参演红军，直到现在依然在为胜利而冲锋。

战斗力建设永远在路上。

战斗，仍在继续！胜利，就在明天！

第四集

重塑

第四集《重塑》完整视频

夏日灼灼，原野茫茫。

2017年7月30日，人民解放军以一场规模空前的野战化实战化阅兵，纪念自己的90岁生日。一幅壮美的沙场点兵画卷展现在世人面前。

这是人民军队改革重塑后的第一次全新亮相。

细心的人们发现，与两年前的胜利日阅兵相比，受阅官兵的胸标变了、臂章换了，受阅梯队的构成也变了。其实，与这些外在的变化相比，人民军队的内在变化更为巨大。

从领导指挥体制的科学高效，到规模结构和力量编成的优化精干；从政策制度的不断完善，到武器装备现代化水平的全面跃升……就像这滚滚向前的浩荡铁流，瞄准建设世界一流军队的目标，人民军队在改革强军征程上阔步向前。

变革图强，中国梦越来越近。

转型重塑，强军梦就在前方。

时光拨回2014年3月15日，一则新华社电讯引起国内外

强军

关注：习近平担任中央军委深化国防和军队改革领导小组组长。

外电评价："习近平决意彻底改革中国军队。"

国际社会纷纷猜测：这支世界上规模最大的军队，究竟会怎么改？

几年过去，国内民众同样在关心：改革后的军队今天是什么样子了？

从"改革前后军队变化示意图"这组动画中，可以清晰看出人民军队改革前后的变化：

领导管理体制实现历史性变革；

联合作战指挥体制改革取得实质性突破；

规模结构和力量编成改革迈出坚实步伐；

联勤保障体制改革完成关键跨越；

军队院校、科研机构、训练机构完成体系性重塑；

配套政策制度和军民融合发展等改革取得重要进展；

武警部队指挥管理体制和力量结构作出重大调整……

虽然我军的改革尚在进行之中，海外舆论已经在用"规模最大、最为彻底"这样的语言来评价这次军改了。

唯有敢于梦想的国度，才是充满希望的热土。

唯有勇于变革的军队，才能赢得制胜的先机。

2012年11月15日，刚刚就任中央军委主席的习近平，就在新一届中央军委第一次常务会议上鲜明提出：始终以改革创新精神开拓前进，深入推进中国特色军事变革，努力夺取军事竞争主动权。

当今世界，国际力量对比、地缘政治格局、综合国力竞争正在发生近代以来最为剧烈的变化，以信息技术为核心的世界新军事革命加速演进，靠变革谋取竞争新优势、抢占战略制高点成为世界主要国家军队的共同选择。

面对前所未有之大变局，习近平充满忧患：百舸争流，千帆竞渡，必须到中流击水，畏首畏尾，犹豫彷徨只会错失良机。

今日中国，正处在由大向强的关键阶段。2013年11月，党的十八届三中全会对全面深化改革作出全面部署，吹响了改革开放新的进军号，开启了全面深化改革的新征程。

着眼实现民族复兴中国梦，习近平的决断掷地有声：要跟上中央步伐，以逢山开路、遇河架桥的精神，坚决推进军队各项改革。大家一定要有这样的历史担当。

人民军队，正行进在跨越发展的新征程上。但与国家安全和发展的需求相比，与世界先进军事水平相比，现代化建设差距明显；与打赢信息化战争，实现强军目标、建设世界一流军队的要求相比，面临的矛盾和问题同样突出。

俯察军情，审时度势，习近平的告诫震撼全军：不改革是打不了仗、打不了胜仗的。军事上的落后一旦形成，对国家安全的影响将是致命的。

2015年10月，甲午战争时悲壮战沉的致远舰，在黄海大东沟海域被发现，重新勾起了人们对120年前那场战争的深刻反思。

中央军委科学技术委员会常任委员　姜静波：

习主席谈到甲午战争时说，勿忘国耻、勿忘军耻，"知耻者近乎勇"，我们一定要总结血的教训。我感到，甲午战争有很多教训，很重要的是清军的改革不彻底，只是在装备上寻求改良，而作战思想、体制编制依然墨守成规。改"器"不改"制"，使得胜负早在开战前就定局了。

故宫，世界上最大的宫殿建筑群，以它巧夺天工的精美设计闻名于世。30多年前，就在一河之隔的这座明清建筑里，习近平开始了他的军人生涯。30多年后，习近平改革强军战略思想，又在这里变成一幅幅目标图、路线图、施工图。

中央军委改革和编制办公室副主任　何仁学：

我们知道，规模宏大的故宫之所以是建筑史上的奇迹，就在于它设计的科学与精巧。同样，改革方案设计得好不好将决定改革的成败。我们按照习主席的指示，从全军抽组精兵强将，广泛地进行调研论证。仅2014年3月至10月，我们就先后到690多家军地单位进行调研，先后组织座谈会、论证会860余次，收集各方面意见2万多条。

人民军队的逐梦之旅开启了新的征程。

倾听八面来风，汇聚四方智慧。改革研究论证，重视程度前所未有，言路之广前所未有。

改革，这场没有硝烟的战役，始终在习近平运筹指挥下进行。他亲自提议，把国防和军队改革写进《中共中央关于全面深化改革若干重大问题的决定》，上升为党的意志和国家行为；

他亲自担任中央军委深化国防和军队改革领导小组组长，牢牢把握着军队改革的方向。

改革论证设计，一案又一案。从初稿到定稿，每一稿习近平都逐字逐句认真审阅，作出许多重要批示，提出具体修改意见。凡是改革的重大事项，习近平都亲自把关定向。

人民军队的改革从一开始就站在了高起点上。

2015年那个酷热难耐的季节，也正是军队改革论证最为紧张的日子。

7月14日，习近平主持召开中央军委改革领导小组第三次会议，审议并原则通过《深化国防和军队改革总体方案建议》。

7月22日、29日，习近平在一周之内分别主持召开中央军委常务会议和中央政治局常委会议，审议和审定《总体方案》。

2015年9月3日，世界的目光聚焦中国的首都。习近平在纪念中国人民抗日战争暨世界反法西斯战争胜利70周年大会上发表重要讲话。

习近平：

我宣布，中国将裁减军队员额30万。

这是中国的和平宣言。这是强军的时代鼓角。这是改革的出征号令。

10月16日，习近平再次主持中央军委常务会议，审议通过《领导指挥体制改革实施方案》。

送走盛夏，迎来金秋。一整套解决深层次矛盾问题、有重大创新突破、体现我军特色的改革蓝图如期绘就。总体方略、主攻方向、方法步骤明确清晰。

改革的总体目标：2020年前，在领导管理体制、联合作战指挥体制改革上取得突破性进展，在优化规模结构、完善政策制度、推动军民融合深度发展等方面改革上取得重要成果，努力构建能够打赢信息化战争、有效履行使命任务的中国特色现代军事力量体系，进一步完善中国特色社会主义军事制度。

改革的基本原则：坚持正确政治方向，坚持向打仗聚焦，坚持创新驱动，坚持体系设计，坚持法治思维，坚持积极稳妥。

改革的路径：先改领导指挥体制，再调力量规模结构，政策制度配套跟上，梯次接续、压茬推进。

2015年11月24日，古老的京城瑞雪初霁。这一天，中央军委改革工作会议在京西宾馆召开，习近平发出深化国防和军队改革的动员令：全面实施改革强军战略，坚定不移走中国特色强军之路。

这是决定军队未来的关键一招，这是实现中国梦、强军梦的必然要求，这是强军兴军的必由之路——改革强军的时代航标高高竖起。整个世界，都听到了来自中国的强军足音。

"军队改革的落地，标志着习近平缜密构思中的强国布局基本完成。"一家国际知名军事评论机构这样写道，"中国正变得越来越自信。"

俄罗斯国家通讯社驻华记者　安东：

中国军队的改革，是60年来最伟大的一次，还是广度和力度从来没有过。习近平主席抓住这个历史机遇，也证明他对新时代有非常深刻的思考，推动军事改革的勇气，很了不起。

机遇，从来就是隐藏于历史之途的神奇钥匙。抓住了它才能创造历史，开启新的时代。然而，机遇毕竟是一种稀缺品，更为稀缺的是发现机遇的眼光和捕捉机遇的能力，是进而打开梦想之门的魄力与担当。

船重千钧，掌舵一人。一艘在暴风雨中航行的大船，要想劈波斩浪、行稳致远，最关键靠拥有绝对权威的优秀船长掌舵领航。

改革举措大刀阔斧，强军步伐蹄疾步稳。复兴门外的八一大楼，接连见证了一个个历史性瞬间。

2015年12月31日，陆军领导机构、火箭军、战略支援部队正式成立，习近平授予军旗并致训词。诞生半个世纪的战略导弹部队，成为继陆、海、空军之后，又一个独立军种。战略支援部队作为新型作战力量的代表，加入人民军队序列。

2016年1月11日，习近平接见调整组建后的军委机关各部门负责同志，勉励大家讲政治、谋打赢、搞服务、作表率，努力建设"四铁"军委机关。

2016年2月1日，战区成立大会在京举行，习近平向东、南、西、北、中五大战区授予军旗并发布训令。

运筹帷幄，方能决胜千里。一支军队能不能打胜仗，领导指挥体制最为关键。在人民军队改革的大棋局中，习近平下的第一手重棋就是再造领导指挥体制。

军事科学院研究员 陈舟：

"军委管总、战区主战、军种主建"，这是理解把握新的领导指挥体制的3个关键词。在这个新格局下，强化了军委主席负责制，强化了军委集中统一领导，实现了领导掌握部队和高效指挥部队的有机统一，翻开了中国特色社会主义军事制度的崭新篇章。

"改革不是改向，变革不是变色。"这是军队最高领导层的深远政治考量。通过一系列体制设计和制度安排，党指挥枪这一根本原则，有了更加坚实的组织依托和体制保证。

这，就是改革的政治逻辑。

改革就像打仗，能不能选准突破口，直接关系到战役的胜负。习近平把改革的第一仗，放在了下决心打破我军长期实行的总部体制、大军区体制和大陆军体制上，可以说首战即定局，为后续改革奠定了坚实的基础。

这是改革之后中央军委机关新的胸标和臂章，不仅换标识，更是换脑筋、转职能，调整组建后的军委机关，从领导机关变为参谋机关、执行机关、服务机关，以崭新的风貌当好军委的战略参谋。

从四总部到15个军委机关职能部门，正师级以上机构减少了200多个，人员精简了三分之一。从领导机构到办事机构，层级减了，等级降了，人员少了。这意味着心态要调整，矛盾要解决，人员要分流。

转变势在必行，转变又何其艰难。

这，就是改革的艰巨之处。

春雨染绿了京城。2016年4月20日，一身绿色迷彩的习近平视察军委联合作战指挥中心，这是习主席首次以"军委联指总指挥"的身份出现在公众视野。

军委联合作战指挥中心的成立，标志着军队联合作战指挥体制建设运行迈出了关键性步伐。

五大战区营院。

走进今天的各大战区大院，过去清一色的陆军绿，已被身着各军种服装的身影所代替。然而，联合远不是各个军种简单聚合在一起就能实现的。

磨合之难，难在打破军种界限，摆脱利益羁绊；难在体制要重塑、机制要调整、观念要转变、素质要跟上；难在面临保守僵化和超越阶段的"双重挑战"。

这，就是改革的复杂之处。

战机凌空，导弹矗立，一场联合防空实兵演习在华北某地拉开战幕。中军帐内，各军种指挥员同堂指挥；演兵场上，各军兵种力量密切配合。由中部战区组织指挥的这场演习，展现了新的领导指挥体制下联合作战的新气象。

作为与人民军队同时诞生的军种，陆军的成长浓缩了我军90年的历程。这次改革之前，陆军数量超过全军总员额的50%。与此同时，多年形成的大陆军思维根深蒂固，现代化水平相对滞后，这种现状不尽快改变，我军就不可能成功转型。

这，就是改革的紧迫之处。

习近平在谈到军队改革时，阐述了这样一番深刻的思想：必须牵住牛鼻子，抓住主要矛盾和矛盾的主要方面，在落一子而全盘活的改革上用力。

庞大的陆军，显然就是需要盘活的关键棋子。

党的十八届三中全会结束不久，习近平风尘仆仆地来到当时的济南军区，就军队改革问题进行调研。他指出，深化军区部队改革，要放在陆军转型这个大背景下来考虑，找准陆军在联合作战体系中的定位，加快推进陆军由机械化向信息化转型。

成立陆军领导机构，为军委机关转型创造了条件，为构建联合作战指挥体制铺平了道路，为加速陆军转型发展插上了翅膀，起到了一举多得的作用。

兵马未动，粮草先行。打仗就是打保障，信息化条件下，联勤保障日益成为影响部队作战能力生成的重要因素。

联合作战催生联勤保障。2016年9月13日，中央军委联勤保障部队成立大会举行，习近平向武汉联勤保障基地和5个联勤保障中心授予军旗并致训词。

习近平：

按照联合作战、联合训练、联合保障的要求加快部队建设，努力建设一支强大的现代化联勤保障部队。

领导指挥体制改革立起了人民军队新体制的"四梁八柱"，"军委—战区—部队"作战指挥体系和"军委—军种—部队"领导管理体系，如同鸟之双翼，助力人民军队振翅高飞。

30多年前，邓小平宣布中国军队裁军百万。有人担心此举会削弱军队战斗力，邓小平反问："虚胖子"能打仗吗？

习近平说，军队的规模结构和力量编成不能固定不变，必须随着战争形态和作战方式变化而变化，随着国家战略需求和军队使命任务变化而变化。否则，曾经再强大的军队最后也要落伍，甚至不堪一击。

2016年12月2日至3日，中央军委军队规模结构和力量编成改革工作会议在京召开，习近平号召全军：一鼓作气，乘势而上，在中国特色强军之路上迈出新的更大步伐……又一场攻坚战的号角吹响了。

这是一次跨越时代的力量重塑。

2017年4月27日，国防部新闻发言人在例行记者会上披露，中国陆军18个集团军番号撤销，调整组建后的13个集团军番号同时公布。

此前，习近平接见全军新调整组建的84个军级单位主官。他要求：聚焦能打仗、打胜仗推进各项工作，聚精会神锻造"召之即来、来之能战、战之必胜"的精兵劲旅。

与此同时，海军陆战队、空军空降兵军以及火箭军和战略支援部队中新型作战力量的组建，标志着规模结构和力量编成改革取得实质性进展。

调整之后，我军规模更加精干，结构更加优化，编成更加科学，从根本上改变了长期以来陆战型的力量结构，改变了国土防御型的兵力布势，改变了重兵集团、以量取胜的制胜模式，迈出由数量规模型向质量效能型、人力密集型向科技密集型转变的一大步，以精锐作战力量为主体的联合作战力量体系正在形成。

燕山脚下，湘江之滨。一北一南两所著名军事院校的重组，成为我军新一轮次院校改革的最大亮点。

以重塑国防大学、国防科技大学为牵引，全军和武警部队院校由77所压减至43所。减少传统兵种专业院校，精简军地通用院校，建强联合作战和新型作战力量院校，构建起军队院校教育、部队训练实践、军事职业教育三位一体新型军事人才培养体系。

2017年7月28日，人民军队90华诞前夕，习近平向麦贤得、马伟明、李中华、王忠心、景海鹏、程开甲、韦昌进、王刚、冷鹏飞、印春荣等同志颁授"八一勋章"。新设立的"八一勋章"，代表着人民军队的最高荣誉。

伴随着改革步伐的推进，一系列体现军事职业特点、增强军人职业荣誉感自豪感的政策制度，正在加紧制定：修订《军官法》《兵役法》，研究制定《士官条例》《义务兵条例》；提高军人工资待遇保障水平，推进军费管理，军人工资、住房、医疗保障等方面改革；健全退役军人管理保障体制机制，构建完善军人荣誉制度体系……而这些，无不是为了一个目标：让一切战斗力要素的活力竞相迸发，让一切军队现代化建设的源泉充分涌流。

远飞者当换其新羽。一位西方军事家说过："唯一比向一个军人灌输新观念更难的，是去掉他的旧观念。"

2016年元旦刚过，习近平视察原第13集团军。这是他在中央军委改革工作会议之后第一次外出视察部队，改革强军成为他反复强调的重点。

习近平指出，要坚持解放思想、与时俱进，改转并行，主动来一场思想上的革命，从一切不合时宜的思维定势、固有模式、路径依赖中解放出来，防止穿新鞋走老路。

"不能身体已进入21世纪，而脑袋还停留在过去。"一场被称为"观念突围"的"新体制、新职能、新使命"大讨论在全军深入展开。而就在这场大讨论中，一篇战争年代公文，如同一枚石子搅动了东部战区陆军机关的一池春水。这是解放战争中，华野十三纵请示授予一〇九团"济南第二团"荣誉称号的电文，全文仅有53个字。

东部战区陆军政治工作部主任　王延奎：

这么一份重要的请示电，用了不到60个字，放在今天是难以想象的。战争年代，我们的军队为什么能够打胜仗，就是不允许任何与战斗力无关的形式主义和繁文缛节存在。

改革是自我革命，是换羽新生，更是壮士断腕。无论是移防搬迁、分流转岗，还是高职低配、转业退役，只要一声令下，哪里需要哪里去。这，就是革命军人面对改革的选择和担当。

1969年，一支战功卓著的部队奉命从江南水乡移防塞北高原，37小时之内就将8个团收拢完毕，紧急开拔。这支部队就是第27集团军。

2015年，作为全军第一个因改革调整驻地的军级单位，当时的第 27 集团军军部又从石家庄移防太原。雷厉风行，星夜出发，第二天一早，当人们从梦中醒来，与他们相伴了将近半个世纪的英雄部队，已经悄然离开。

离开繁华都市来到边陲小城，告别父母妻儿走向陌生远方，在人民军队转型重塑的日子里，这样的离别画面一次又一次地感动着人们。

这看似平常的一幕，对这一家子来说实属不易。丈夫李浩，是空军某基地的无人机飞行员。30 多年的军人生涯中，先飞战斗机，后飞无人机，步伐一直追随着空军战斗力转型升级走。近几年，他 4 次转隶单位，部队驻地换了 5 次，从北到南，从东到西，离家越来越远，和妻儿的相聚也越来越少。

李浩妻子张素娟：

可以说他飞有人机的时候，我提心吊胆了半辈子，好不容易到达龄停飞了，真希望他能跟我们一家人在一起踏踏实实地过生活，但是没想到他又选择了飞无人机，而且到了几千公里外的大西北。不过我很理解他，首先一个好男人，他是属于国家的，他不仅仅属于我一个人。

东部战区陆军转业干部退役仪式。

向军旗敬最后一个军礼的时候，吴鹏程强忍着眼中的泪水——然而，脱下军装的那一刻，他还是没有抑制住感情潮水的流淌。

原第 31 集团军步兵某团副团长　吴鹏程：

当时选择离开部队的时候，我也是很舍不得的。毕竟自己穿军装快20年。但这一次军队改革，陆军是大头，比我更优秀的同志，也面临着进退走留的选择，所以我希望以我一个人的转身，来实现我们陆军的"瘦身"，我想个人作出一点牺牲也是值得的。

吴鹏程从小就生活在军营，父亲吴海金曾是某师师长。20多年前的裁军，他所在的步兵师精简为机步旅，吴海金转业到了一家企业任职，把自己的军人梦留给了独生子。但是，面对组织的安排，吴海金仍以一个老军人的觉悟，坚定地告诉儿子："军人以服从命令为天职，不能讲条件，党叫干啥就干啥。"

两代军人的转身，为的是一支军队的转型。

改革是为了能打仗打胜仗。"我不知道我明天会在哪里，但我知道现在要干什么。"这是部队官兵面对改革的回答。

南海之滨，海军航空兵某团战机星夜战斗起飞。守卫在海疆第一线，这个团的战机几乎天天升空巡逻。面临改革大考，官兵们始终心无旁骛潜心研战备战，每天都在战斗！

我军的成长发展史，就是一部改革创新史。人民军队自建立以来历经多次调整改革，边战边改，边建边改，愈改愈强。

"计利当计天下利，求名应求万世名。"当改革的号角吹响的时候，习近平就勉励全军将士：深化国防和军队改革正面临一个难得的机遇窗口，一定要把握好。这是我们回避不了的一场大考，军队一定要向党和人民、向历史交出一份合格答卷。

拥护改革、支持改革、落实改革。1000多个日日夜夜过去，这场被人们称为"史上最牛的军改"，在主要领域迈出历史性步伐、实现历史性突破、取得历史性成果，人民军队体制一新、结构一新、格局一新、面貌一新。

八一前夕阅兵。

让我们再回到草原深处的阅兵场。红旗漫卷，铁流浩荡，辉映着受阅部队的威武军容，辉映着这支军队迈向"世界一流"的雄壮步伐。

如果把强军比作一曲交响，还有什么比改革更高昂、更雄壮的旋律吗？

第五集

浴火

第五集《浴火》完整视频

习近平：

新形势下，我们党面临着许多严峻挑战，党内存在着许多亟待解决的问题。尤其是一些党员干部中发生的贪污腐败、脱离群众、形式主义、官僚主义等问题，必须下大气力解决。

党的十八大以来，党中央、习主席扶危定倾、力挽狂澜，以前所未有的决心力度，领导人民军队强力正风反腐，从严整纲肃纪。投身自我净化的熔炉，人民军队正经历着凤凰涅槃式的浴火重生！

反腐才能强军，部队越反腐越坚强、越纯洁、越有战斗力。习近平强调，党内不能有腐败分子的藏身之地，军队是拿枪杆子的，更不能有腐败分子的藏身之地。

历史一再告诉人们，无论一支军队曾经多么强大，一旦陷于腐败不能自拔，就会不打自垮。

中央电视台军事报道：

中共中央政治局会议审议并通过中央军委纪律检查委员会

关于对郭伯雄组织调查情况和处理意见的报告，决定给予郭伯雄开除党籍处分，对其涉嫌严重犯罪问题及线索移送最高人民检察院授权军事检察机关依法处理。

中央电视台军事报道：

根据《中国共产党章程》《中国共产党纪律处分条例》有关规定，决定给予徐才厚开除党籍处分，对其涉嫌受贿犯罪问题及问题线索移送最高人民检察院授权军事检察机关依法处理。

郭伯雄庭审：

党中央、中央军委对我的处理是完全正确的，我一定要老实认罪、承担罪责。

徐才厚忏悔书：

走到今天这一步，最主要是没有听党的话，没有好好改造世界观，没有抵挡住诱惑，成了腐败风气的俘虏。

两个曾经位高权重的军人，没有倒在枪林弹雨的战场上，却倒在了对金钱和权力的贪欲下。查处郭伯雄、徐才厚这两个军队历史上职务最高的腐败分子，在国内外引起强烈震动。

驻晋部队某基地政委　万明贵：

习主席在古田全军政治工作会议上，郑重严肃地指出了部队中特别是领导干部中存在的十个方面突出问题，可谓是振聋发聩，每一个方面都令人触目惊心。那个时候部队存在的腐败问题、作风问题，不仅严重损害了军队的形象，也给官兵士气造成了严重伤害，确实到了非解决不可的地步，需要在大火里烧一烧、在熔炉里炼一炼。

1929年，在古田召开的红四军第九次党代表大会，犹如一场提纯之火，烧掉了各种非无产阶级思想，把一支陷于迷茫和涣散边缘的工农武装引向坦途。85年后，当人民军队走向新的转折关头，伴随着新世纪第一次全军政治工作会议的召开，一场烈焰又燃烧了起来。

河南濮阳，史称卫都。不知从什么时候开始，这座黄河边上的古老都城多了一处奇特的景点。这座雕梁画栋的仿古建筑，当地人称之为"将军府"。

千里之外的北京太平路，一座掩映在竹林里的神秘府第，也被坊间称为"将军府"。一南一北，两座"将军府"连着同一个名字：谷俊山。

谷俊山，原总后勤部副部长。2015年8月10日，军事法院一审公开宣判，认定谷俊山犯贪污罪、受贿罪、行贿罪、滥用职权罪，数罪并罚，决定执行死刑，缓期2年执行，剥夺政治权利终身，剥夺中将军衔。

从军分区一个搞生产经营的营职助理员，到掌管全军基建营房大权的总后勤部中将副部长，谷俊山火箭式蹿升的背后，是与郭伯雄、徐才厚结成的贪腐生物链和人身依附链。

利益，就这样结成了蛛网；公权，就这样成了私器；对党忠诚，就这样变成了对个别人的效忠。

古田全军政治工作会议后，第一批被查处的军级以上领导干部16人名单公布。紧接着，又公布了第二批、第三批……

军队里没有"铁帽子王"，哪个岗位都不是"保险箱"，职务再高也没有"豁免权"。党中央、中央军委查处大案要案雷霆万钧，严惩贪腐分子呈现秋风扫落叶之势。

如果说，严惩贪腐是有形的清理，那么肃清流毒则需要思想深处的荡涤。2016年10月10日，全军各大单位和军委机关各部门党委书记齐聚京西宾馆，深刻剖析郭伯雄、徐才厚流毒影响的根源，全面推进思想领域的挖根除弊、组织队伍的清理巩固。中央军委号令全军全面彻底肃清郭徐流毒，做到"除恶务尽、不留隐患"。

2016年12月起，《解放军报》在一版连续推出12篇评论员文章，以檄文式的风格，围绕"什么是选人用人的标准""什么是成长进步的依靠""什么是履职用权的依据"等重大是非问题展开辨析。犀利的笔触传递出鲜明信号：激浊扬清，思想是根本。只有扳正被混淆、被搞乱的是非标准，才能实现灵魂的重塑、价值的回归，实现部队作风风气的根本好转。

办好中国的事情，关键在党。回首党的十八大以来这5年，全面从严治党成为我们党自身建设最鲜明的时代特色。

习近平：

我们要永远保持建党时中国共产党人的奋斗精神，永远保持对人民的赤子之心。面向未来，面对挑战，全党同志一定要不忘初心，继续前进！

搞好军队党的建设，是军队建设发展的核心问题，是军队全部工作的关键，关系到党的执政地位，关系到我军性质宗旨，关系到部队战斗力。军队党的建设必须高标准、严要求，努力走在全党前列。

2013年11月6日新闻联播：

中共中央总书记、国家主席、中央军委主席习近平2013年11月6日在北京亲切接见全军党的建设工作会议代表，他强调，当前，我们正在进行具有许多新的历史特点的伟大斗争，这对全面推进党的建设新的伟大工程提出了更高要求，必须把军队党的建设摆在更加突出的位置，始终坚持党对军队的绝对领导，始终坚持以能打仗、打胜仗为根本着眼点，始终坚持党要管党、从严治党方针，始终坚持以改革创新精神加强军队党的建设。

从严治党，关键在严，要害在治。在2012年底军队一次重要会议上，习近平面对来自全军的高级将领，接连提出"四个从严"：在思想教育上从严、在贯彻党章和党的制度上从严、在遵守党的纪律上从严、在干部教育管理上从严。

有规矩才能够定方圆，重规矩才会有好样子。中央军委要求，遵守政治纪律和政治规矩要成为全军特别是领导干部的自觉行动。

习近平：

军队守纪律首要的是遵守政治纪律，守规矩首要的是遵守政治规矩，并且标准要更高、要求要更严，任何人不得超越政治纪律、政治规矩的红线，越过了就是大忌，就要付出代价。

中南海怀仁堂，中央军委专题民主生活会。

7月的北京，骄阳似火。比天气更热的，是会场内的气氛。2013年7月8日，中央军委群众路线教育实践活动专题民主生活会在中南海怀仁堂举行。

中央军委政治工作部组织局局长　商亚恒：

这是新一届中央军委班子召开的第一次专题民主生活会，会议开了两个半天。习主席专门调阅了各大单位民主生活会的对照检查材料。风成于上，俗化于下。这几年军委专题民主生活会，都贯穿了作风建设的主题，都体现了严和实的要求，为全军部队带了好头。

中央八项规定公布的第三天，中央军委十项规定公之于众。国外媒体评说：这意味着习近平开始了对世界上最大的执政党和规模最大的军队严肃整治。

刀口向内，不避实就虚；开展批评，不避重就轻。这样火药味浓烈的民主生活会，又重新回到了军营，回到了军队党的生活中。随着《关于新形势下党内政治生活的若干准则》《中国共产党党内监督条例》发布施行，党内生活的炉火在军队各级党组织中越烧越旺。

"受命以来，夙夜忧叹，恐托付不效。"在中央军委民主生活会上，习近平引用诸葛亮的《出师表》，表达自己的深沉忧思。

作为军队统帅，他心系的是这支军队能不能肩负起党和人民的重托；忧虑的是这支军队还能不能始终保持老红军的本色和作风。

习近平：

这个荣誉是沉甸甸的，我们要思考，我们怎么能够担得住这个荣誉。

党风连着作风。从"学习贯彻党章 弘扬优良作风"教育活动到党的群众路线教育实践活动，从"三严三实"专题教育整顿到"两学一做"学习教育，围绕党的建设特别是作风建设，教育整顿一个紧接着一个，一年比一年深入。全军上下纠治"四风"持续不懈，作风建设抓铁有痕、踏石留印。

假如把强力反腐比作淬炼筋骨的猛火，那么作风建设就是始终保持一定温度的文火。干部工作大检查、财务工作大清查，清理机关超占兵员、清理超编超占车辆、整治基层风气……2015年，"八个专项清理整治"在全军展开。一系列的清理整治紧盯官兵反映强烈的突出问题，拉网式排查、逐项过筛子。当年就压减公务车24934辆，清退不合理住房9632套，一个大单位的两名党委常委因超占住房被免职。

在2015年1月29日的国防部例行记者会上，新闻发言人指出，2015年2月至4月，军委巡视组将对海军、空军、二炮和武警部队党委班子及其成员进行巡视，下一步将按照年度计划安排，实现巡视全覆盖。

实行派驻监督，在我军历史上是第一次。这次采取单独派驻和综合派驻的方式，共向军委机关部门和各战区派驻10个纪检组。

2016年12月23日中央电视台军事报道：

中央军委主席习近平签署命令，发布新修订的《军队审计条例》，自2017年1月1日起施行。

早在2014年10月，解放军审计署已由总后勤部划归中央军委建制，直接对中央军委负责并报告工作。纪检、巡视、审计，好比"三把利剑"。剑锋所指，震慑常在，监督执纪问责的"螺丝"越拧越紧。军队正风反腐标本兼治、精准发力，歪风邪气无处隐匿、潜规陋习难以遁形，反腐败斗争压倒性态势已经形成。

2017年4月21日，习近平在视察南部战区陆军机关时告诫各级领导，要扎实推进作风建设和反腐败斗争，着力纠治官兵身边的"微腐败"和不正之风，增强官兵满意度和获得感。

军委纪委迅即行动，精准"点穴"，围绕近年军队执纪审查、巡视和作风建设明察暗访发现的基层风气方面普遍性倾向性问题，以及信访举报、检查调研中官兵反映突出的问题，列出6个方面70个问题表现，要求各级对照清单认真抓好纠治整改。

原广州军区副政委　刘新增：

我们现在没有想到习主席抓作风力度那么大，部队变化又那么大，所以我们党和军队大有希望。

刘新增老人是淮海战役前夜参加解放军的。就在这场解放战争时期规模最大的战役中，有这样一个细节发人深省：

战役之初，面对解放军的重兵进逼，蒋介石决定放弃海州。国民党徐州"剿总"总司令刘峙为了自家在海州的几个盐号，竟然将这一机密提前告诉了自己的经纪人。当这一消息在商人中间悄悄流传的时候，驻海州的国民党军队还蒙在鼓里。奉命率部西撤的国民党将领，闻讯不禁悲叹："看钱财比国家的事还大，焉能不败?!"

军队的翅膀一旦挂满了黄金，就难逃陨落的命运。

历史和现实一再表明，军队的根本职能是打仗，偏离主责、主业必将祸患无穷。创收搞副业，甚至把市场经济那一套带到军营里，必然败坏部队风气，无异于自毁长城。

2015年11月24日，中央军委改革工作会议召开。在关注军队历史性改革的同时，敏感的媒体还捕捉到另外一条信息，那就是军队和武警部队全面停止有偿服务。

春雨过后，古朴典雅的民国建筑显得分外整洁，军校校园优雅而宁静。谁能想得到，就在一年前，这座校园的四周还是一片嘈杂喧闹。

饭店、超市、照相馆、美发厅……破墙开店、营房出租，曾经是城市驻军营区的普遍现象，有偿服务收入往往成为各单位的"小金库"。2016年3月，中央军委发出《关于军队和武警部队全面停止有偿服务活动的通知》。到2017年6月底，全面停止10个重点行业的有偿服务。

习近平常说："改进作风必须自上而下、以上率下。对军队来说，就从军委做起，军委就从我本人做起。"

2015年新年前夕，国家主席习近平通过中国国际广播电台、中央人民广播电台、中央电视台，发表了2015年新年贺词。

习近平：

同志们，朋友们，女士们，先生们……

这是习近平发表2015年新年贺词时的场景。细心的人们发现，在主席办公室的书柜里，有一幅他身着迷彩服和战士们在一起的照片。

此刻，千里之外的内蒙古阿尔山边防部队三角山哨所，官兵们正在聚精会神收看电视直播。战士吴小康一眼就认出，那张照片正是习主席来阿尔山看望慰问时的场景。

北部战区陆军边防某旅战士　吴小康：

当时，我们正开着雪地摩托巡逻。主席踏着积雪远远走过来，握着我们的手，问我们冷不冷，还看了我们的装具。

习近平视察阿尔山：

向你们表示新春的祝福，你们这样的一个环境我看了以后还是很受感动，抗冰雪斗严寒，爬冰卧雪，为祖国和人民在这里戍边，祖国和人民都不会忘记你们。

巡逻队战士：

感谢主席关怀！我们一定要牢记嘱托，忠诚戍边，不辱使命，让祖国和人民放心，让习主席放心！

2014年1月26日，千里北疆，大雪覆盖，气温降到零下30多摄氏度。习近平在春节前夕来到阿尔山，迎着凛冽的寒风，沿着58级台阶，一步一步登上三角山哨所。

北部战区陆军边防某旅排长　张伟：

当时主席上来握着我的手，跟我说："今天，我和你们一起站岗。"然后向我询问了一下哨所周边的情况，最后在执勤登记本上签下自己的名字。当时，我又激动又幸福，心里暖洋洋的。

习近平新春踏雪之行，深深鼓舞着北疆戍边人。当又一个春节到来，哨所官兵给习主席写信，汇报一年来戍边卫国的成绩。几天之后，来自中南海的回信，再次温暖了冰天雪地中的哨所。

边关连着中南海，统帅和战士心贴心。在航行的战舰上，习近平与水兵一起就餐；在寒风肆虐的大漠试验场，他向科技人员嘘寒问暖……把党的关怀和温暖一次次送到座座军营。

这是一场军营里的婚礼。蓝天白云下，7架直升机整齐列阵，见证一名飞行员的幸福时刻。这个普通的婚礼连着军委主席的深切关怀。

2013年4月20日，四川芦山发生7.0级地震。灾情如火，正在家乡筹办婚礼的某陆航旅飞行员张尚年，告别亲人，告别即将披上婚纱的新娘，匆匆返回军营，驾机开赴救灾前线。

2013年5月，前往灾区视察的习近平，专程看望参加救灾的官兵。得知张尚年为了救灾推迟婚期，叮嘱他抓紧把婚礼办了。

习近平：

现在婚礼办完了没有？找个时间赶紧办了吧！

西部战区某陆航旅飞行员　张尚年：

没想到我这样一个基层飞行员的婚事，居然会牵动习主席的心，主席的关爱我们一辈子都不会忘记。

也就在这次视察过程中，习近平对部队开展当兵蹲连活动的做法给予肯定。强调当兵就要真当，蹲连就要真蹲，深入一线接地气，俯下身子察实情，切实当出感情来、蹲出好作风。

中央军委专门对"下连当兵""蹲连住班"作出部署。全军820多名将军、5万多名团以上领导和机关干部走向基层，走进班排。他们脱掉军官服、换上士兵装、肩佩列兵衔，和战士们一起站岗放哨、摸爬滚打、风餐露宿，重温兵之初，体察兵之情。

"我走近了战士的世界，战士走近了我的心灵"，一位当兵蹲连回来的机关干部在日记中这样写到。离兵近一寸，感情深一层。从一口一个"首长"到直呼其名，从客气拘谨到亲密无间，从躲着防着到推心置腹，这些变化反映出干部对战士的感情更深了，战士对干部的感情更浓了。

干部下连当兵，这一举措密切了官兵关系，冲刷了干部身上的官气、暮气和娇气，有效改进了领导作风和工作方法，推动了部队建设。香港《大公报》评论：军官下连当兵，既是一个传统继承的过程，更是一个传统更新的过程。

2016年1月11日，习近平接见调整组建后的军委机关各部门负责同志。

习近平指出，领导就是服务，服务归根到底要体现到为部队官兵服务上。每搞一次筹划、每提一个建议、每办一件事情、每处理一个问题，既要向上看看，也要向下看看，把上和下有机结合起来，把对上服务和对下服务有机结合起来，而对上服务最后要落实到对下服务中去,不要离基层远了、离一线远了、离官兵远了。

关怀、嘱托、使命、责任。行动的引领是最直接的引领,真情的感召是最强烈的感召。

2016年除夕,一个名为《将军与士兵》的小品,成了中央电视台春节联欢晚会最受欢迎的节目。

副军长:将军的本质就应该是一名更优秀的士兵。

下士:您是将军领队,是整个方队的排头兵,如果您训练不达标,没有走出兵的样子,丢的不是您个人的脸面,丢的是党和人民对咱们这支军队的信任。

副军长:我今天的训练没有达到你的训练标准,更没有达到我父亲对我的要求。

下士:您父亲?

副军长:对!他是一位老八路。他跟我说,儿子,我最担心的就是你变成一个"官老爷"。他说,如果今天的将军人人都能够如此,人人都是有血性、敢拼杀的兵,那我们的军队就可以无往而不胜!

小品《将军与士兵》导演　李文绪:

这个作品取材于真实的"9·3"大阅兵的故事,播出以来,我们没想到它有那么高的收视率和产生那么大的社会反响。我想,这里面肯定有咱们全国人民对咱们部队作风转变的共鸣。

现实,远比小品更加精彩。2015年9月3日,胜利日大阅兵,一个个将军率队走过天安门广场。现场的观众感叹:"老红军老八路的作风又回来了!"

何止是在举世瞩目的阅兵场。在万里边关,将军与士兵一同巡逻;在大洋深处,将军与水兵一同远航;在广袤的长空,将军驾驶战机带队飞行;在一处处深山密林,将军与士兵一同在导弹阵地战备值班……

……

从星星之火到燎原烈火,从胜利走向新的胜利。一支伟大军队的成长,必然要经历无数次血与火的洗礼,必然要经历一次又一次的锻打与淬炼。

强军事业永远在路上,作风建设永远在路上,人民军队自我冶炼、提纯的烈火永远不会熄灭,始终做人民信赖、人民拥护、人民热爱的子弟兵。

就像浴火重生的神鸟凤凰,今天的人民军队,正在勇敢地抖落一切尘埃。雾霾散去,迎接它的必将是风清气朗的寥廓长天!

第六集

跨越

第六集《跨越》完整视频

1966年10月27日，东风基地。

上午9时10分，随着发射指令下达，核导弹呼啸升空，一朵巨大的蘑菇云升腾而起，这是我国首次成功进行导弹与核弹头结合发射试验时的画面——此时，距离共和国最年轻的战略兵种第二炮兵成立还不到4个月。

这是50年后，2016年12月7日，中央电视台播出10枚东风导弹齐射的震撼画面。此时，距离第二炮兵部队调整组建为火箭军还不满1年。

从引进仿制到自主研发，从单一型号到成体系发展……相隔半个世纪的这两组画面，折射出中国国防科技和武器装备的历史性跨越。

科技兴军，助推我军腾飞。

习近平在全国人大解放军代表团全体会议上讲话：

我们必须增强紧迫感，以更大决心和力度抓紧推动科技创新和进步。

抓科技创新，不能等待观望，当有只争朝夕的劲头。2016年3月13日，习近平在第十二届全国人大四次会议解放军代表团全体会议上强调，把创新摆在我军建设发展全局的重要位置，靠改革创新推动国防和军队建设实现新跨越，全面实施创新驱动发展战略，高度重视战略前沿技术发展。

第二年年初，在军队一次重要会议上，习近平进一步强调，坚持向科技创新要战斗力，下更大气力推动科技兴军。

2016年9月23日，纪念红军长征胜利80周年主题展览在中国人民革命军事博物馆开幕。展出的252件珍贵文物中，一门上海兵工厂1927年制造的山炮特别引人注目。

这是长征大军跨越千山万水带到陕北的唯一一门炮。一门山炮的背后，承载着红军将士对先进武器装备的强烈渴望。

一部人民军队的征战史，就是一部以劣势装备战胜强敌的历史。穿越时空，可以清晰地看到一条鲜明的脉络：建设和拥有一支掌握先进装备的人民军队，一直是中国共产党人孜孜以求的奋斗目标。

2015年底，我军历史上最具革命性的整体性变革进入实质性推进阶段。在习近平擘画的改革蓝图中，科技兴军的主攻方向进一步聚焦：着眼于抢占未来军事竞争战略制高点，充分发挥创新驱动发展作用，培育战斗力新的增长点。

2016年1月，中央军委科学技术委员会——一个新的职能部门出现在了改革后的军委机关序列中。这个新部门的职能定位是：加强国防科技战略管理，推动国防科技自主创新，协调推进科技领域军民融合发展。

2017年7月19日，重新调整组建的军事科学院在北京宣告成立，以军事科学院为龙头、军兵种研究院为骨干、院校和部队科研力量为辅助，我军全新的科研体系初见端倪。

国外媒体评论这一系列动作时说：中国军队不仅建立了自己的"DARPA"（美国国防高级研究计划局英文缩写），而且在打造一支军事科研的联合舰队。

美因河畔的德国法兰克福，国际超级计算大会寂静而紧张。2015年7月13日，人类智慧在这里激烈角逐。

国防科技大学研制的"天河二号"超级计算机系统，以每秒33.86千万亿次的浮点运算速度，在国际超算组织发布的世界超级计算机500强排行榜上，连续第五次雄居榜首。

军事科学院院长　杨学军：

超级计算机实际上是国家科技的一个战略制高点，也是军事变革的基础性技术。在这个领域的较量，特别残酷。我们占据这样的前沿技术越多，国家发展的物质技术基础就越坚实，对强军兴军提供的技术支撑也就越多。

梦想在实验室里放飞，脚步在训练场上追赶。2012年11月23日，渤海深处，寒风凛冽。海军航空兵飞行员戴明盟驾驶编号552的歼-15战斗机，在我国首艘航母辽宁舰上成功起降。此刻，距离这艘巨舰交付海军仅仅过去1个多月。

航母，强国海军的标配。然而，当我国开始拥有这样的国之重器，已经是世界上第一艘航母诞生百年之后。武器装备领域的赶超，刻不容缓。

既要敢于亮剑，也要重视铸剑。2014年12月3日，习近平在全军装备工作会议上指出，把武器装备建设放在国防和军队现代化建设优先发展的战略位置来抓，把装备建设搞得更好一些、更快一些。

这注定是一次写进人民军队装备建设史的会议，坚持作战需求的根本牵引，坚持体系建设思想，坚持创新驱动发展，坚持质量至上，坚持实战化运用，坚持军民融合深度发展，坚持人才队伍建设优先，成为推动武器装备建设跨越式发展的战略指导。

放眼世界，几乎每一支大国军队都在谋求武器装备的超前发展。与维护国家安全和发展利益要求相比，与打赢信息化战争要求相比，与世界军事强国相比，我军武器装备在很多方面差距明显。

在军队一次重要会议上，习近平不无忧患地说，随着军事技术不断发展，武器因素的重要性在上升，如果武器装备上存在代差，仗就很难打了。

他强调，要在激烈的国际军事竞争中掌握主动，必须牢牢扭住国防科技自主创新这个战略基点。要增强技术敏锐度和理解力，做到"见之于未萌、识之于未发"，争取实现弯道超车，实现由跟跑并跑向并跑领跑转变。

2014年7月23日，新华社发布消息，中国在境内进行了陆基反导技术试验，试验达到了预期目的。

这是我国第三次公布反导新闻。当时，世界上成功突破这一技术的只有两个国家：美国和中国。

岁月仿佛从未走远。20世纪60年代中期，我国导弹之父钱学森向毛泽东主席汇报反导研究。毛泽东说："5年不行，10年；10年不行，15年，总要搞出来！"

军事科学院研究员　游光荣：

反导技术，被称为战略防御之盾，也是大国博弈的重要筹码。如果没有反导能力，就等于整个国家完全暴露在导弹威胁之下；如果拥有了反导技术，就等于为国家撑起了一把"保护伞"。

2016年7月23日，随着导弹与反导专家陈德明的事迹见诸各大媒体，我国反导技术的神秘面纱被揭开。

陈德明接过反导技术攻关"接力棒"的时候，已是21世纪之初。

陈德明所在的单位，是地处西北的某试验基地，也是我国"两弹一星"事业的重要发祥地。

一个个春夏秋冬过去，大漠深处的一声声巨响，宣告了我国在反导技术领域的一次次突破：从末段到中段，从地面到太空，从大气层内到大气层外，钱学森当年的梦想终于由陈德明这一代科学家实现了。

反导专家　陈德明：

新质作战能力的重要特点是信息化，信息化条件下的对抗会越来越复杂，越来越高级，反导技术的发展，只能是永远在路上。

辽远大漠,苍凉和寂静突然被巨大的轰鸣声撕破。

各型战斗机翻飞格斗,夺占制空权;特种飞机实施电磁压制,掩护轰炸机、歼击轰炸机发起精确打击;导弹刺天、高炮怒吼,编织起绵密的地空火网……空军"红剑"体系对抗演习高潮迭起,新型预警机成为主导这场空天大戏的要角。

中央军委装备发展部科研订购局副局长　李欣欣:

预警机集侦察预警、情报通讯、指挥控制等功能于一身,是现代空军体系作战的关键节点。近年来,我们的预警机实现了迭代发展,技术水平不断跃升,已成为我军空中作战体系能力建设的重要支撑。

2016年11月1日,规模空前的第十一届中国国际航空航天博览会在珠海盛大开幕。举办了20年的这一航展,已经成为世界五大航展之一。成体系亮相的中国空军高新武器装备,吸引了世界的目光。

开幕当天,现场观众就收获了期待已久的惊喜。上午11时,两架歼-20战机呼啸凌空。从露面到消失在人们的视野中,这惊鸿一瞬引起的兴奋还未散去,人们的视觉又接连被惊奇刷新。

从歼-20、歼-10B、运-20、轰-6K、空警-500、武直-10K等主力战机与观众的零距离接触,到长剑、鹰击、红旗等导弹家族的系列化呈现,再到攻击无人机等新型装备的集体亮相,展现了集空中作战力量、防空反导、预警探测、战略投送和空降兵装备于一体的空军装备体系。

在人头攒动的航展上,有许多父母是带着孩子举家前来参观的。两年一届的航展,不仅把我国国防科技的最新进展展现在世人面前,也把一粒粒梦想的种子根植在孩子们的心田。

战机轰鸣,铁流滚滚。27个装备方队浩荡而来,这是2015年9月3日胜利日阅兵的强大装备阵容。组成这巨龙般方阵的均为国产现役主战装备,84%为首次公开亮相。

这次阅兵是我军首次按作战体系要求,联合编成地面突击、防空反导、海上攻击、战略打击、信息支援和后装保障6大模块,向世界展示装备体系建设的新成就。

有底牌才有底气,长缨在手方能以武止戈。当战略打击模块通过天安门广场,具备对海上大中型舰船实施中远程精确打击能力的东风21D、东风26导弹,令现场观众和无数网友一片欢腾,"东风快递、使命必达"迅速成为网上热词。

一年之后的秋天,"联合救援-2016"中德卫勤实兵联合演习在山城重庆拉开战幕——

这是我军与北约国家武装力量首次进行卫勤联合演习。高级智能模拟人、穿戴式训练模块、隔离帐篷等我国新一代卫勤装备现身演兵场。

德方指挥员 摩尔曼上校:

这次联合演习我们可以相互学习,我们一定会摸索出此次联合演习的最佳实施方式。中方的卫勤装备非常优良,中国卫勤部队官兵训练有素、经验丰富。

"鹰击长空，鱼翔浅底，万类霜天竞自由……"

科技兴军，就是要聚天下英才而用之，让各类人才的创造活力竞相迸发。

也是在一个丹桂飘香的时节，习近平走进了这所中国军队的最高技术学府。伴着雄壮的乐曲，登上敞篷车，习近平检阅风华正茂的绿色方阵。这是他就任军委主席后，第一次视察军队院校。

国防科技大学有28名两院院士、348名博士生导师和一大批中青年学术带头人。得知青年科技专家、博士生导师陈小前才38岁，习近平非常高兴。

习近平说，实现强军目标，必须实施好科技强军战略和人才强军战略。我们的事业需要很多有理想有担当的年轻人。

现代科学技术多学科交叉群集、多领域融合集成，靠单打独斗很难有大的作为，必须加强自主创新团队建设，依靠团队力量集智攻关。习近平为国防科技大学建校办学明确目标：努力办成高素质新型军事人才培养高地、国防科技自主创新高地。

春去春又来，这所大学的创新人才队伍如雨后春笋。计算机学院数十名本科生，参与了"天河二号"超级计算机的研制，而在北斗导航定位创新团队里，有40%是在校学生。

何止在国防科技大学，在院校，在军营，在科研院所，一个个科技创新团队正在崛起。2016年3月13日，习近平接见8位在本职岗位上取得创新成果的基层部队和教学科研一线军队人大代表，就如何加快把创新成果转化为战斗力，与他们亲切交谈。

中国工程院院士、海军工程大学教授马伟明代表刚刚做完自我介绍，习近平已紧紧握住他的手，关切地询问科研项目的最新进展。马伟明长期致力于舰船电气研究，主持研发的多项技术处于国际领先地位。就在当年1月召开的国家科学技术奖励大会上，习近平还亲自为他颁发了国家科技进步奖创新团队奖。

海军工程大学教授　马伟明：

习主席非常关心前瞻性、先导性、探索性的重大技术研究和新概念技术研究，叮嘱我们只争朝夕，积极谋取军事技术竞争优势，提高科技创新对战斗力增长的贡献率。

863计划、973计划、国家科技重大专项、国产航母工程……军队科技领军人才紧盯国防科技和武器装备等关键领域，闯关夺隘，加速实现预先研究、工程研制、实战运用的三级跳，破解一大批制约部队战斗力生成提高的难题，打通了科研成果走向战场的"最后一公里"。

随着高层次创新人才工程深入推进，我军科技创新人才方阵的聚合效益不断释放。

首批领军拔尖人才在培养期内，承担845项课题，取得405项发明专利，495项科研成果在部队推广应用。到2016年，军队有31名干部入选"国家百千万人才工程"，被授予"有突出贡献中青年专家"荣誉称号，其中20人成长为院士。

历史从不等待一切犹豫者、观望者、懈怠者、软弱者。科技创新，注定充满艰辛与挑战；跨越历程，总是写满奉献与牺牲。

这个代号为"221"的地方，是中国第一颗原子弹、氢弹的研制基地。当年邓稼先等科学家就在这高原深处，用青春热血开辟了新中国的"两弹一星"事业。

1964年10月16日，罗布泊上空一声巨响，中华民族挺直了腰杆。在欢呼的人群中，有一位名叫林俊德的年轻军人。26岁的林俊德发明的钟表式压力记录仪，准确记录了这次核爆炸的关键参数。

林俊德后来参加了中国的所有核试验，成长为中国工程院院士。

2012年，74岁的林俊德被确诊为胆管癌晚期，送进了重症监护室。老人拒绝手术和化疗，强忍着病痛不让自己躺下。

家人：医生想叫你休息一下。

林俊德：坐着休息，我不能躺下去！

家人：坐着比躺着好呢？

林俊德：对！躺下去就起不来了。

在生命的最后日子，林俊德整理移交了一生积累的全部科研试验技术资料，完成了人生最后一次冲锋。

黄沙百战穿金甲，不破楼兰终不还。

半年之后，同样在西北戈壁大漠，一次非同寻常的新型导弹发射试验获得圆满成功。欢腾过后，测控大厅寂静下来，人们不约而同把目光投向指挥席上一个空位——那曾经是基地试验部副参谋长黄鹤云的操作席。

此刻，黄鹤云再也不能和战友一起分享成功的喜悦了……他43岁的生命年轮，永远地刻在了导弹升空的那一天。

黄鹤云倒在岗位上的时候，手里的稿纸撒了一地……那段时间，正是第二次陆基中段反导拦截技术试验与某新型导弹试验同时进入紧张备战的日子。

2013年2月2日，习近平冒着严寒，来到酒泉卫星发射中心。

东风革命烈士陵园，长眠着聂荣臻元帅和为我国航天科技事业献身的711位革命烈士。长风之中，习近平一步一步走到纪念碑前，敬献鲜花……

冬日的戈壁，平添一抹温暖而动人的色彩。

习近平看望酒泉卫星发射中心科技人员时讲话：

脚踩着这一块承载着民族复兴的光荣与梦想的土地，看到的是我们这一支功勋卓著的英雄部队，我们所继承发扬秉持的精神："两弹一星"精神、载人航天精神、"东风"精神，这些光荣的传统、优良的作风，我们一定要一代一代地传下去。

2017年4月26日，首艘国产航母在大连造船厂下水，我国成为世界上第五个具备自主建造大中型航母能力的国家。而仅2016年一年，海军就有数十艘舰艇加入战斗序列，巍巍舰阵宛如磅礴奔涌的钢铁巨流。

江流入海，长天寥廓。科技兴军，任重道远。

人民军队，又一次站上了跨越发展的新起点！

第七集

铁律

第七集《铁律》完整视频

这是罗霄山脉深处的一块巨石，它有一个响亮的名字，叫"雷打石"。相传，因遭受雷击，雷打石从山顶滚落到了现在这个地方。

1927年10月24日清晨，站在这块大石头上，毛泽东向奔赴井冈山的队伍宣布了三条纪律：行动听指挥；不拿群众一个红薯；打土豪要归公。

这，就是人民军队"三大纪律"的起源。山里的百姓，由此认识了一支与旧军队截然不同的武装。

90年过去，从"雷打石"旁匆匆出发的那支队伍，已经迈上建设世界一流军队的崭新征程。

历经沧桑，"雷打石"巍然屹立；穿越时空，依法治军、从严治军这一铁的规律，成为支撑这支队伍不断走向胜利的基石。

炮声轰鸣，弹道裂空。天上猎鹰盘旋，地面铁甲狂飙，激烈的陆空协同火力打击，一浪高过一浪……

硝烟散去，一台台新型战车整齐列阵。习近平登上809号两栖突击车……这样一组镜头，成了习近平第一次亲临演兵场的经典画面。

2012年12月10日上午，习近平视察当时的第42集团军。此时的集团军，已是多兵种高度合成的部队，而正在由机械化向信息化迈进的人民军队，无疑是一台运行更加复杂的机器。

军队加速转型，呼唤治军方式的转变。习近平鲜明提出：实现强军梦想，要做到"三个牢记"。

习近平：

一是要牢记听党指挥是强军之魂，听党的话，跟党走；二是要牢记能打仗、打胜仗是强军之要，要确保军队始终能够做到召之即来、来之能战、战之必胜；三是要牢记依法治军、从严治军是强军之基，我们要始终确保部队的高度集中统一和安全稳定。

一支军队能不能进入现代化建设的高级阶段，一个重要的标志是能不能沿着法治化轨道稳步发展。习近平把依法治军、从严治军上升到强军之基的高度，反映了军队建设的普遍规律和中国共产党建军治军的一贯要求。

厉行法治、严肃军纪，是古往今来治军带兵的铁律，也是建设强大军队的基本规律。

习近平：

历史告诉我们，一支没有纪律的军队只能是乌合之众，前进道路上，人民军队必须用铁的纪律，凝聚铁的意志，锤炼铁的作风，锻造铁的队伍。

唱着《三大纪律八项注意》一路走来，今天的人民军队所处的内外环境正在发生历史性变迁：国家由大向强、军队变革重塑、使命任务拓展……新的历史条件下，如何才能为强军事业提供根本性、全局性、长期性的法治保障？

小智治事，中智治人，大智立法。2014年10月，在中国共产党历史上第一次专门研究法治建设的十八届四中全会上，习近平明确要求，把依法治军、从严治军问题写入全会《决定》，上升为党和国家的意志。

2014年底军委重要会议。

一个现代化的国家必然是法治国家，一支现代化的军队必然是法治军队。两个月后，京西宾馆，在军队一次重要会议上，面对出席会议的高级领导干部，习近平宣布："依法治军、从严治军，是我们党建军治军的基本方略。"

把依法治军、从严治军纳入全面依法治国的总体布局，这是党中央把治党治国治军一体推进的战略运筹。习近平说，整个国家都在建设中国特色社会主义法治体系、建设社会主义法治国家，军队法治建设不抓紧，到时候就跟不上趟了。

2015年2月21日，农历大年初三，中央军委印发《中央军委关于新形势下深入推进依法治军从严治军的决定》。这是我军历史上第一部系统规范、全面部署法治建设的指导性文件。它鲜明贯穿了习近平依法治军、从严治军战略思想的精髓，整体勾画了军队法治建设的蓝图。

《决定》一个突出的亮点是，明确提出依法治军、从严治军的指导原则。坚持党对军队的绝对领导，以法的强制力捍卫军魂不动摇；坚持战斗力标准，把战斗力生成规律用法规固化下来；坚持官兵主体地位，使全军上下尊法学法守法用法；坚持依法与从严统一，严之有据、严之有度；坚持法治建设与思想政治建设相结合，将法治建立在官兵高度自觉的基础上。

《决定》提出，2020年前初步构建中国特色军事法治体系。当年11月，习近平在中央军委改革工作会议上再次强调，2020年前构建中国特色现代军事力量体系、完善中国特色社会主义军事制度。这两个相同的时间节点意味着，不仅军队要加速走向法治化，而且军队的改革也必须在法治轨道上运行。

所谓"五多"，就是会议多、文电多、工作组多、检查评比多、各类活动多。2014年，一个地处西部边疆的基层连队，居然在一个月内收到了上级50多份通知，连长、指导员在27天里参加了26次各种会议。

"五多"问题，引起了习近平的高度关注。2014年10月31日，在古田召开的全军政治工作会议上，习近平一针见血地指出了"五多"问题的危害。

他说，部队反映"五多"问题仍然突出，"文山"很高，"会海"很深……老"五多"没解决，新"五多"又来了，对座谈汇报、先行试点、经验交流、讲课演示、考试背题等疲于应付、苦不堪言。

"五多"问题，危害在基层，根子在上层，实质是形式主义、官僚主义在作祟，深层原因是人治思维在作怪。习近平要求全军上下向"五多"开刀：从军委总部做起，采取硬性措施，坚决把"五多"问题压下来。

习近平指出，深入推进依法治军、从严治军，要求我们的治军方式发生一场深刻变革，努力实现"三个根本性转变"，即：从单纯依靠行政命令的做法向依法行政的根本性转变，从单纯靠习惯和经验开展工作的方式向依靠法规和制度开展工作的根本性转变，从突击式、运动式抓工作的方式向按条令条例办事的根本性转变。

与深化改革相同步，从军委机关到战区和军兵种机关，加快转变职能、转变作风、转变工作方式，按照法定职责和权限指导开展工作。

骄阳，贴着中原腹地的演兵场燃烧。"跨越－2015B"阶段的实兵对抗进入白热化状态。担负主攻的红方营长付华国带领他的坦克营，几度冲进蓝军阵地前沿，最终却功亏一篑。

中央军委联合参谋部信息通信局原局长　黄国勇：

信息网络时代，战争作战过程日益科学化，部队建设、管理和行动更加强调标准化、规范化、精确化。

标准化建设滞后带来的指挥协同不畅，不仅给营长付华国留下了挥之不去的遗憾，也把中国军队建设管理标准化、规范化水平不高的短板凸显了出来。

标准化、规范化实质上就是法治化的问题，只有以法的形式确立起军队建设、运行的一系列标准，才能形成基于同一标准的体系作战能力。就像一台构造精密的机器，每个零部件严格按标准规格来生产，相互之间才能紧密咬合，既能有效自转，更能协调公转。

战争，就像一部活剧，从来就不缺少跌宕起伏的剧情。战争的现代化程度越高，对战争准备的精准规范要求就越严格。2014年，当时的第39集团军进行战备建设规范化试点，探索统一陆军各兵种作战协同、后装保障、战备器材标准。这样一次探索，收到了意想不到的效果：部队应急出动时间缩短了四分之一。

习近平深刻指出：要对军队各方面进行严格规范，建立一整套符合现代军事发展规律、体现我军特色的科学的组织模式、制度安排和运作方式，推动军队正规化建设向更高水平发展。

人民军队正在进行战略转型，暴露出来的很多问题，是转型过程中难以避免的阵痛。贯彻习近平重要指示，就是要求治军方式跟上转型发展步伐，实现升级换代。这种升级换代，不是简单的调整改变，它意味着军事法治体系与正在深化改革的人民军队一道，同步进行升级改造。

2016年11月，中央军委颁布《加强实战化军事训练暂行规定》。这是我军首次对军事训练实战化作出刚性规范。它标志着改革强军新体制下的多军兵种联合训练有了强约束、硬章程。

新年伊始，担负年度联合演习任务的陆、海、空和火箭军部队，已经严格按照这一《规定》展开基础性训练。

海风怒啸，巨浪滔天。2月17日，由导弹驱逐舰长沙舰、海口舰和综合补给舰骆马湖舰组成的南海舰队远海训练编队，穿越卡里马塔海峡驶入印度洋。舰机协同、联合防空、编队突击、精确打击，从三亚起航的日日夜夜，浓浓的硝烟气息伴随着远海航行的每一步，几乎每一个昼夜，舰艇编队都在经历实战化考验。

法纪，治军之重器；良法，善治之前提。伴随国防和军队改革深入推进，军事法规的"立、改、废、释"全面展开，一大批改革急需、备战急用的新规新令雨后春笋般破土而出。以中国特色军事法规制度体系的再造重塑为标志，人民军队步入全新的"法治时间"。

党的十八大以来，全国人大常委会公布军事法律3件，国务院、中央军委联合出台军事行政法规4件，中央军委颁发军事法规61件，各战区、军兵种等单位制发军事规章和规范性文件836件。

法的生命力在于实施，法的权威性也在于实施。如果说，深化改革正在使军队进一步实现有良法可依；那么，只有当每项法规都被严格遵守，法的威严才会充分彰显，强军兴军的动车才能行稳致远。

严才能正纲纪，严才能肃军威，严才能出战斗力。2015年的最后一天，在国防部例行记者会上，有记者问：听说一位集团军军长与两名老部下喝酒，导致一人死亡，有关人员受到了严肃查处。请问如何评论？

国防部新闻发言人指出：这是一起发生在党的十八大后不

收敛不收手、顶风违纪的典型案件。依纪依规对有关人员作出处理,体现了从严治军、从严治官的鲜明态度。

这样一则新闻,让人们在新年到来之际看到了我军厉行法治、严肃军纪的坚定决心。

2016年元旦刚过,巴渝大地寒尽春生。习近平新的一年第一次离京视察部队,来到了当时的第13集团军。

这个集团军的前身,是当年挺进中原的刘邓大军主力之一。伴随着解放战争的炮火硝烟,从中原大地一路转战到大西南,素以治军严明、作战勇猛著称。

就是在这次视察中,习近平要求全军深化对依法治军、从严治军重大意义的认识,定了规矩就要执行,让铁规生威、铁纪发力。

2017年1月,中央军委办公厅通报28起违反军事训练规定的消息,出现在各大媒体的显著位置,《人民日报》评论称:这意味着我军下定决心通过严格的训练执纪监督,推动实战化军事训练再上新台阶。

《严守纪律歌》歌词:

军号嘹亮步伐整齐,人民军队有铁的纪律,服从命令是天职,条令条例要牢记,令必行、禁必止,自觉凝聚成战斗集体。啊!纪律、纪律,纪律中有我,纪律中有你,纪律中有无穷的战斗力。

军令如山,军法如刀。违纪必纠,执法从严。早在这些训练问题通报之前,军队对违纪问题的通报处理已经步入常态。

制度笼子越编越密，执法执纪越来越严，当铁规禁令在军队建设的各个领域发力生威，意味着阻碍依法治军最为顽固的堡垒，正在被一一攻克。

历史的天空，总有相似的星光交相辉映。

1929年初冬，刚刚撤离战场的红四军来到新泉进行整训。蜿蜒的新泉河环绕着这座闽西小镇。看到战士们在河畔洗去一路风尘，毛泽东把在井冈山时期制定的"三大纪律六项注意"，又加上了两项注意：洗澡避女人；不掏俘虏腰包。

"新泉整训"一周之后，古田会议决定编制红军法规，毛泽东领导人民军队铺下了第一段"法治化轨道"。

85年后，古田全军政治工作会议召开一周前，党的十八届四中全会审议通过《中共中央关于全面推进依法治国若干重大问题的决定》。依法治军与全面依法治国，同步迈上历史新征程。

从新的起点启航，法治思维和法治信仰正在一步步植根官兵心中。它带来的最明显的变化是，治军方式由"权力主导"向"规则主导"转变。

冬日的福州透着几分寒意，东部战区陆军机关年度军事训练考核场上却是一派火热场景。武器操作、指挥技能，仰卧起坐、长跑，五六十岁的将军与二三十岁的年轻军官一样，按训练大纲规定，一项不落参加考核。

第二天，所有参考人员的成绩，出现在了机关事务公开栏上。

党委依法决策，机关依法指导，部队依法行动，官兵依法履职。管用而有效的法规，从来就不是铭刻在大理石和铜表上，而是镌刻在人们的内心深处。

2014年12月，习近平视察原南京军区时，讲到了这样一段经历。他说，我在浙江工作时，就提出要创新发展"枫桥经验"，后来倡导提出建设"法治浙江"。2013年以来，浙江省军区又开展了"法治军营"建设活动。要继续开展"法治军营"建设活动，坚持不懈、推而广之，确保取得更大成效。

"法治军营"建设，从浙江省军区部队推广到了全军。法治教育训练纳入了部队教育训练体系，培育法治精神成为强军文化建设的重要内容。"学法规、用法规、守法规"，正在变成官兵的自觉行动。当法治的阳光照进军营的每一个角落，官兵身边的变化平静而又深刻。

习近平：

要增强全军法治意识，加快构建中国特色军事法治体系，加快实现治军方式根本性改变。

巨变无声。当法治成为一种坚定信仰、一种思维方式，成为一种工作习惯、一种文化自觉，人民军队的转型也正渐入佳境。在它的前方，是"潮平两岸阔"的新境界！

第八集 伟力

第八集《伟力》完整视频

2015年,习近平在十二届全国人大三次会议解放军代表团全体会议上宣布,把军民融合发展上升为国家战略。

在充满活力的中华大地上,"犁"与"剑"这个古老的命题被赋予新的时代内涵,军民融合发展的宏伟方略正汇聚起实现中国梦、强军梦的磅礴力量。

2017年1月22日中共中央政治局召开会议,决定设立中央军民融合发展委员会。新设立的中央军民融合发展委员会由习近平任主任,是中央层面军民融合发展重大问题的决策和议事协调机构,统一领导军民融合深度发展。

敏感的境外媒体迅速捕捉到这一新闻传递的信号。BBC报道称,习近平兼任中央军民融合发展委员会主任,是中国军队现代化又一个值得关注的举动。《南华早报》分析指出,预计该委员会将成为整合民用、军用投资和技术的先锋。

这一天,是2017年农历腊月二十五。这样一条重大消息的发布,意味着在即将到来的这一年,军民融合这一国家战略还将进一步提速。

2017年3月12日，又是一个明媚的春日。习近平在出席十二届全国人大五次会议解放军代表团全体会议时强调，立足经济社会发展和科技进步的深厚土壤，顺势而为、乘势而上，深入实施军民融合发展战略，开展军民协同创新，推动军民科技基础要素融合，加快建立军民融合创新体系。

而在几天前，习近平参加辽宁代表团、四川代表团审议时，也对贯彻落实军民融合发展战略提出要求。

这是党的十八大以来，习近平在"两会"这个特殊的时间连续多年对军民融合作出专门论述，凸显了以习近平同志为核心的党中央对军民融合发展的高度重视，体现了我们党长期探索经济建设和国防建设协调发展规律的认识飞跃。

凡谋之道，周密为宝。2015年10月，《中共中央关于制定国民经济和社会发展第十三个五年规划的建议》，推动经济建设和国防建设融合发展，成为贯彻"创新、协调、绿色、开放、共享"五大发展理念的战略之举。

2016年7月，中共中央、国务院、中央军委印发《关于经济建设和国防建设融合发展的意见》，为新形势下推动军民深度融合发展提供了顶层指导和政策纲领。同年12月底，国务院、中央军委印发《经济建设和国防建设融合发展"十三五"规划》，为此后一个时期军民融合发展描绘了新蓝图，作出了总布局。

如何在国家总体战略中兼顾安全和发展，使经济建设与国防建设良性互动、协调发展、平衡发展、兼容发展，是习近平反复思考的重大问题。

军民融合发展的目标是构建军民一体化的国家战略体系和能力，实质是通过军民两大体系资源配置一体化实现经济建设和国防建设综合效益最大化。习近平要求，必须强化大局意识，强化改革创新，强化战略规划，强化法治保障，加快形成全要素、多领域、高效益的军民融合深度发展格局。

伴随着"四个全面"战略布局的展开，军民融合进入由初步融合向深度融合过渡、进而实现跨越发展的关键期。2017年6月20日，习近平主持召开中央军民融合发展委员会第一次全体会议。审议通过《中央军民融合发展委员会工作规则》《中央军民融合发展委员会办公室工作规则》《中央军民融合发展委员会近期工作要点》和《省（区、市）军民融合发展领导机构和工作机构设置的意见》。

4位中央政治局常委出席会议，一次性出台4份文件，力度之大，前所未有。习近平要求，抓住机遇，开拓思路，在"统"字上下功夫，在"融"字上做文章，在"新"字上求突破，在"深"字上见实效，把军民融合搞得更好一些、更快一些。

四川绵阳，闻名全国的"西部硅谷"，拥有长虹、九洲等70多家军民融合大中型骨干企业。作为国家军转民科技兴市的试点城市，这个重要的国防科研重镇，着力构建"创新转化、产业培育、人才聚集、开放合作、金融服务"军民融合五大体系，把科研优势、军工优势转化为强劲的发展优势，仅首批军民融合企业总产值就达 1370 亿元，位居全国前列。

地处长江开放经济带和沿海开放经济带结合部的湖南长沙，也在这一轮军民融合的大趋势中找到了新的定位，这就是：打造国防科技协同创新与成果转化试验区、优势民营企业深度参与国防建设示范区、战略纵深区后勤协同保障中心。以建设综合型国家军民融合创新示范区为目标，这座已经连续多年经济增长位居全国前列的城市，又在军民科技协同创新的引领下驶上"快车道"。2017 年一季度，经济同比增长 8.3%，高于全国 1.4 个百分点。

绵阳、长沙，这两座中西部城市，就是紧紧抓住军民融合深度发展的历史机遇，实现国防建设和经济社会建设双驱动、双受益的代表。

中央军民融合发展委员会办公室常务副主任　金壮龙：

这两座城市的实践表明，融合才能相互促进、形成合力，军地资源才能在更深程度上和更广范围内实现共享。军民融合，是利国利民利军的大战略。党中央加速推进这一战略，必将在全国形成军民融合产业蓬勃兴起的新局面，必将带来丰硕的军事效益、经济效益和社会效益。

2014 年 5 月 25 日，多型战机在刚刚改造完成的高速公路上成功试飞起降。

巨大的轰鸣声仿佛还在回荡。2016 年 9 月 3 日，《中华人民共和国国防交通法》在十二届全国人大常委会第二十二次会议上高票通过。

这是党的十八大以来我国第一部国防军事立法，也是军民融合发展上升为国家战略后第一部贯彻这一战略的重要法律，标志着国防交通随着军民融合深度发展开始了新的跨越。

就像这条横贯中原大地的高速公路一样，军民融合一举多得，多方受益。人们常用1＋1＞2这个简单的比喻来形容军民融合的效益。实际上，军民融合深度发展所带来的好处远不是数字的叠加，而是呈几何级数的增长。

然而，万物复苏总要伴随着冰雪消融。

2015年春，阳光集团拿到了为中国人民抗日战争暨世界反法西斯战争胜利70周年阅兵式上三军仪仗队和军乐团制作军服的订单。对于一家年产值超过30亿元的知名民营企业来说，这笔千万元的订单并不算大，却是企业接到的最珍贵的一笔订单。

从三军仪仗队、军乐团到火箭军的新军服，作为民营企业的阳光集团已经在军服的生产领域显示出了雄厚的实力。然而，这在过去是根本不可能的。

调查数据显示，60%以上的社会创新力量认为，行业封闭垄断是制约"民参军"的首要问题，了解信息难、正常进入难、公平竞争难的"三难"问题长期存在。

军民融合壁垒的根源在于二元结构，打破二元分离壁垒的出路就在于改革。2013年11月，党的十八届三中全会将军民融合体制改革作为深化国防和军队改革的重要任务，纳入党和国家改革工作全局。

2015年11月，习近平在中央军委改革工作会议上强调，要着力解决制约军民融合发展的体制机制问题，努力构建统一领导、军地协调、顺畅高效的组织管理体系，国家主导、需求牵引、市场运作相统一的工作运行体系，系统完备、衔接配套、有效激励的政策制度体系。

光启集团是一家高科技民营企业，在超材料研发和制造方面具有国际领先水平。2010年，落地深圳时，不具备参与军品研制的基本条件。但是，空军驻深圳地区军事代表室认为，光启集团的领先技术和创新能力有利于提升我军装备性能和战斗力水平。

位于浙江省温州市苍南县的金乡镇，原本是一个默默无闻的小镇，但在这里却有人干出了一件大事。

作为民营企业家，陈加枢始终怀揣着一个心愿，那就是报效国家，报效国防，凭借多年的打拼和过硬的产品质量，陈加枢带领他的徽章厂已先后为联合国维和部队、英国、俄罗斯、沙特、阿根廷等国家的部队生产制作了大批徽章。如今的金乡徽章厂已成为中国人民解放军徽章生产的定点企业之一。

拆壁垒、破坚冰、去门槛。就是在这样的背景下，"民参军"成为千千万万民营企业迈步发展的阳光大道。

从顶层统筹到政策法规，从统管体制到运行机制，一系列改革举措相继落地：军民融合跨军地部际协调小组顺畅运作；《经济建设与国防密切相关的建设项目目录》《关于加快吸纳优势民营企业进入武器装备科研生产和维修领域的措施意见》等规章制度先后出台。

伴随着全军武器装备采购信息网开通，轻点鼠标就可以获取每年一度的《军用技术转民用推广目录》和《民参军技术与产品推荐目录》。2017年4月11日，中央军委装备发展部在全军武器装备采购信息网发布新一期装备预研共用技术和领域基金指南，921个项目、近60亿元的大单，为社会力量参与装备预研提供了2000余个机会。

秦岭，在中国的地理版图上，是横亘中国南北的分水岭。

20世纪60年代开始，秦岭南麓的陕西汉中成了国家"三线建设"的重点城市，一〇一厂等一批军工企业支撑起了全市经济的半壁江山。但在20世纪90年代经济调整时期，这个厂一度跌入了生存的低谷，不得不走出大山。

汉中一〇一厂老职工　陈凤岐：

工厂搬迁的时候啊，大家的心情难以形容，既兴奋又矛盾，很多老职工站在这个地方，都不愿离去，因为他们的青春都贡献在这个地方了。

走出大山的一〇一厂，凭借军民融合的强劲东风，利用自身的技术优势，找准了电测这个领域，再度回到了军工的行列，仅几年时间就确立了核心竞争优势。一〇一厂的华丽转身，不仅做强了自己，也吸引了同行的眼光，2013年5月，他们被做强民品的老军工企业中航电测仪器股份有限公司收购。

兄弟同心，其利断金。两家企业的强强联手，犹如战友并肩出征。军民融合深度发展的历史机遇，正像这条打通秦岭的公路，让企业走上一条"快车道"。从此，天堑变成了通途。

穿过秦岭，北行240公里，就是陕西省省会西安，这是中国军工企业的又一个重要集结地。

2016年，西安从事军品科研生产的民口企事业单位数量已达300多家，比2010年增长了5倍，配套产品涉及陆、海、空、火箭军等各军兵种，年营业收入达到创纪录的1600多亿元。古老的都城在军民融合深度发展的时代大潮中迎来了新的生机。

春华秋实。2016年金秋时节，第二届军民融合发展高技术成果展在京举办。

水下机器人、无人舟艇、云数据加密技术……一系列军民通用的高新技术成果熠熠生辉。成都、上海、武汉、深圳、绵阳……一座座军工重镇和创新城市军民融合的新进展呈现在人们面前。

10月19日，中共中央政治局常委集体来到展览现场。

中央电视台新闻联播：

一件件实物、一个个模型、一段段精彩视频，吸引了习近平等领导同志的目光。他们不时停下脚步仔细观看，认真听取讲解，并详细询问有关情况。

目前，发达国家的军事专用技术比重不到15%，军民通用技术则超过80%。而研究表明，我国军民融合度只有约30%，远低于发达国家水平，这种巨大的差距也意味着巨大的潜力。

深度融合，呼唤更广范围、更高层次、更深程度的拓展。在高新技术成为各国抢占未来竞争制高点的今天，推进高技术领域的军民融合深度创新，成了习近平一直关注的重点。

早在 2012 年 7 月，我国自主设计研制的第一台"蛟龙"号载人深潜器，就在马里亚纳海沟试验海区，创造了下潜 7062 米的当时世界同类潜水器的最大纪录，也意味着我国具备了到达全球 99.8% 以上海洋深处作业的能力。

就在"蛟龙"号一次次刷新人们对海底世界认知的同时，人民海军航迹越来越远，新型潜艇越潜越深。在航迹与航迹交会之处，军民深度融合的湍流也在澎湃激荡。

2017 年 5 月 18 日，由我国自行研制的首款出口型专用武装直升机直19E首飞成功。然而，很少有人会把这款先进武装直升机的研制成功与一根鱼竿联系起来。

现代飞机设计，重量的计算是以克为单位的，减重对于提高战机性能至关重要。这些年，新型国产战机研制不断加速，与高性能航空复合材料的技术突破密不可分。

一代材料，一代装备。国产航空高性能复合材料，就诞生在威海拓展纤维有限公司——这个曾以生产碳纤维鱼竿闻名的企业里。这家民营公司突破的关键技术，使我国成为少数几个掌握该技术的国家之一，产品已应用于多个重点武器装备型号。

谈及国防科技大学研制的"天河二号"超级计算机，人们津津乐道的大多是它的运算速度和世界排名，但对于它的应用领域和社会效益往往知之不多。

国防科技大学计算机学院院长　廖湘科：

早在项目的研发阶段，我们就与广东省广州市、中山大学签署了合作协议，共同建设国家超级计算广州中心。"天河二号"

投入运营3年，广泛应用于生物医药、智慧城市、电子政务、云计算等领域，取得了巨大的经济与社会效益，这也充分表明了军民融合的程度越深，释放的潜力越多、能量更大。

军民融合，托举中国梦、强军梦。从"神舟"号载人飞船到"天宫"号空间实验室，从北斗导航系统到嫦娥系列月球探测器，从"墨子"号量子卫星到"悟空"号暗物质卫星，一颗颗运行在浩瀚太空的"中国星"，无不闪烁着军民携手和平开发利用太空的智慧。而在网络空间，覆盖全国、军民共享的"八纵八横"大容量光纤通信网，同样是国家统筹、军地双方编织而成的。

其实，无论是"蛟龙"的中国深度，还是"天河"的中国速度，都有赖于高科技人才所迸发的中国智慧。军民融合深度发展一个重要的使命，就是探索共育共享、军地共赢的人才培养新模式，最大限度地释放智慧力量。

2016年4月26日，一场春雨滋润安徽合肥。习近平在蒙蒙细雨中走进了中国科技大学校园，在学校图书馆，他与正在读书学习的国防生们亲切交谈。

习近平：

孩子们，年轻人，在学校这一步很重要，现在还是心无旁骛。学得文武艺，报答我们十三亿人民，报答我们的中华民族、我们的国家，一定扎扎实实地学习，学知识、学做人，然后走向社会。

一段温暖的对话，印在了成千上万国防生的心中。

截至 2016 年，全军每年招收培养近万名国防生，所学专业 95% 是军队现代化建设急需的领域。2017 年起，国防生招生政策作出重大改革，调整为面向地方院校毕业生直接选拔招录，为优秀人才进入军队打开更为宽广的通道。

依托国民教育体系培养军队亟需人才，成为人民军队创新型人才的重要来源。在陆军的战车上、在海军的战舰上、在火箭军的发射阵地上，来自清华大学、北京大学、浙江大学、复旦大学等国内知名高校的学子越来越多，空军与清华大学联合培养的双学士飞行员，已经翱翔蓝天。

扩大文职人员编配范围，优化军队人员构成，健全军队院校管理体制、优化军队院校体系结构布局，节约军队人力资源，延揽社会优秀人才为军队建设服务……伴随着国防和军队改革的推进，具有中国特色的军民融合式军事人才培养体系正在加快形成。

1991 年 1 月，改革开放后第一次全国"双拥"工作会议在福州召开。时任福州市委书记的习近平，欣然写下这首七律《军民情》：

挽住云河洗天青，闽山闽水物华新。
小梅正吐黄金蕊，老榕先掬碧玉心。
君驭南风冬亦暖，我临东海情同深。
难得举城作一庆，爱我人民爱我军。

无论是在河北、福建，还是在浙江、上海，习近平始终把驻地部队建设牵挂在心，高度重视"双拥"工作，想方设法为部队排忧解难。

军政军民团结是实现富国和强军相统一的重要政治保障。坚如磐石的军政军民关系，是实现中国梦强军梦的政治基础。新形势下，习近平提出新的时代要求。

人民军队的根脉，深扎在人民的深厚大地；人民战争的伟力，来源于人民的伟大力量。军民融合深度发展，最重要的就是要发挥好这一政治优势，激发出蕴含在军民之中报国强军的巨大力量。

这条海滨道路叫"三沙大道"，它位于胶州湾畔的山东青岛，却以我国最南端的城市命名，大道向海的一端连着中国海军的航母军港。

然而仅仅在几年前，这片现代化的军港还是几个不起眼的渔村。

青岛黄岛区居民：

我的先辈们曾经参加过淮海战役，也参加过抗美援朝，在我们村有个传统，拥军爱国，这种传统习惯、传统思想真是根深蒂固。为了给我们国防建设让步，我们二话不说，一个礼拜的速度，全体老少爷们儿把我们的祖坟、把我们祖祖辈辈居住的房屋土地全让出来了。

建设中国第一座航母军港，涉及6个村1429户人家整体搬迁，500多艘渔船拆解转港。老乡们都是祖祖辈辈生活在这里的渔民，对这片港湾感情很深。可是听说是给部队腾地方，二话没有，说搬就搬。那段时间，家家户户拆房子、搬家当，有用大卡车的，有用拖拉机的，还有用小推车推的……那情景跟当年胶东民工千里支援解放战争是一样的。

在航母军港的征地范围内，不长时间，地上的民宅、山间的坟茔、海上的养殖场就搬迁完毕。

三沙大道的另一端，连着黄岛区古镇口以军民融合发展为主题的示范园区——青岛军民融合示范园区。这个园区，已吸引120多个高端项目入驻，投资超过1000亿元，从装备技术保障、科技产业发展、军地人才培养和军队社会化保障四个方面，打造了军民融合"新样板"。

坐落于示范区内的哈尔滨工程大学青岛船舶科技园，拥有国内首家军政校企和科研院所合作的舰船装备技术保障平台，这个平台集纳了200多家保障单位，可以为舰船维保人员提供从吃住行到安全保密的全方位保障。

把家从海边搬到示范园区的乡亲们，也从与航母相关的产业中，圆了创业和致富的梦想，享受了军民融合的红利。

2017年1月13日，浩浩荡荡的中国航母编队从南海海域经台湾海峡，结束跨年度远海之旅回到母港。

一周之后，国家统计局公布数据，2016年我国经济增速为6.7%，重回世界第一。

仿佛是巧合，国内外媒体在报道这两件事的时候，不约而同地用了这样一个词来形容——突破。

突破，朝着梦想的方向。逐梦，新长征路上依然有关山险阻，新的航程注定不会一帆风顺。

强军

习近平在朱日和检阅部队时发表重要讲话：

我坚信，我们的英雄军队有信心、有能力打败一切来犯之敌！我们的英雄军队有信心、有能力维护国家主权、安全、发展利益！我们的英雄军队有信心、有能力谱写强军事业新篇章！

坚毅自信者强，上下同欲者胜。有党中央、习主席引路领航，有亿万军民砥砺奋进，强国强军的光荣与梦想就一定能够实现！

本片由中央军委政治工作部组织拍摄。

本书视频索引

第一集《逐梦》完整视频 001

第二集《铸魂》完整视频 017

第三集《制胜》完整视频 031

第四集《重塑》完整视频 049

第五集《浴火》完整视频 067

第六集《跨越》完整视频 083

第七集《铁律》完整视频 097

第八集《伟力》完整视频 109